1989년 동유럽 혁명과
국가자본주의 체제 붕괴

오늘날의 마르크스주의 06

1989년 동유럽 혁명과
국가자본주의 체제 붕괴

크리스 하먼 지음 | 조정환 옮김

책갈피

오늘날의 마르크스주의 06

1989년 동유럽 혁명과 국가자본주의 체제 붕괴

지은이   크리스 하먼
옮긴이   조정환
펴낸곳   도서출판 책갈피

초판 발행일 2009년 12월 20일

등록   2000년 2월 21일(제6-0484호)
주소   서울특별시 중구 필동2가 106-6 2층
전화   (02)2265-6354
팩스   (02)2265-6395

ISBN 978-89-7966-069-2 03300
ISBN 978-89-7966-062-6(세트)
값 6,500원

잘못된 책은 바꿔 드립니다.

차례

◆ 1989년 동유럽 혁명과 국가자본주의 체제 붕괴 · 7

- 소련 : 무너진 환상 · 12
- 소련의 경제 위기 · 20
- 소련의 민족문제 · 23
- 소련의 침체 상태 · 33
- 국제 정책 : 양날의 검 · 40
- 동유럽 : 누적적 붕괴 · 42
- 두 이론의 결함 · 58
- 새로운 정설 · 67
- 국가자본주의 · 70
- 자본주의 발전의 한 단계인 국가자본주의 · 77
- 동유럽 국가자본주의의 기원 · 82
- 자본주의의 모순들 · 87
- 국가자본주의의 위기 · 99
- '위기 직전' 상태와 페레스트로이카 · 109
- 내적 해체 · 121
- 왜 페레스트로이카는 실패하고 있는가 · 131
- 동유럽의 옆 걸음 운동 · 135
- 다국적 자본주의와 동유럽의 반대파들 · 141
- 1990년대의 전망 · 150
- 사회주의적 반대파의 형성 · 164
- 후주 · 180

일러두기

1. 이 책은 Chris Harman, "The Storm Breaks", *Internatonal Socialism* 46(Spring, 1990)을 번역한 것인데, ≪소련의 해체와 그 이후의 동유럽≫(갈무리, 1995) 1부에 실렸던 것을 용어와 어투, 사소한 오역을 수정해 다시 낸 것이다. 출판을 허락해 준 갈무리 출판사에 감사드린다.
2. 인명과 지명 등의 외래어는 최대한 외래어 표기법에 맞춰 표기했다.
3. 원문의 주는 후주로 처리했고, 옮긴이가 독자의 이해를 돕기 위해 덧붙인 설명은 각주로 처리했다. 또 본문에서 [ ]는 옮긴이가 문맥을 매끄럽게 하기 위해 덧붙인 것이고, 저자가 첨가한 것은 [— 하먼이라고 표기했다.
4. 원문에서 이탤릭체로 표시된 부분은 고딕체로 표시했다.
5. 책과 잡지는 ≪ ≫로, 신문과 주간지는 〈 〉로, 논문과 신문 기사 제목은 " "로 표시했다

4년에 걸친 전면전으로 세 제국이 붕괴한 1917~1918년 이래, 우리는 지난 반년 동안 엘베 강 동쪽에서 벌어진 것과 같은 정치적 소용돌이를 목격한 적이 없다. 거의 45년 동안 폴란드, 헝가리, 체코슬로바키아, 동독, 불가리아, 루마니아를 지배했던 일당 정치 구조들은 경제 위기와 대중의 불만이라는 압력에 밀려 붕괴했다. 이런 일이 진행되는 동안, 이 나라들의 거대한 이웃인 소련을 바라보는 사람들은 누구나, 소련 역시 갑작스럽게 무너져 내리는 것이 아닐지 묻지 않을 수 없었다. 집권당은 경제 위기, 기본 생필품의 부족, 소수민족들의 대중적 분리 운동, 1920년대 이래 가장 큰 규모의 노동자 파업 등에 직면해 날이 갈수록 무력해졌다.

그러한 사건들 때문에, 동과 서에서 득세하던 기존의 정치 분석들은 대부분 도전에 직면하지 않을 수 없었다. 냉전 전략가들, '전체주의'와의 대결을 주창한 이데올로그들, 오랫동안 '제3세계 사회주의'를 숭배해 온 서방인들, 그리고 새로 등장한 '고르비' 추종자들 등은 모두 자신의 준거점이 갑자기 사라지는 사태에 직면해야만 했다.

서방의 우익들에게 상황은 혼란스러운 것으로 다가왔다. 그들은 갑작스럽게, 유럽의 미사일이 왜, 그 지도자들이 스스로 더는 '사회주의'가 아니라고 주장하는 나라들을 겨누고 있는지를 해명해야만 하는 처지에 놓이게 됐다. 물론 그들은 이러한 상황에 그럭저럭 대처할 수 있었다. 그들은, 동유럽 국가들의 소요가, '사회주의'의 지속적 생존은 불가능하며 '시장 자본주의'가 훨씬 더 우월하다고 일관되게 주장해 온 자신들이 옳았음을 증명해 준다고 주장했다. 미국 정부의 자문위원 구실을 하는 어떤 학자[*]는 '역사의 종말'에 대해 저술했고 대중매체는 '공산주의의 종말'을 선언했다. 동유럽에 들어선 새로운 질서의 특징이 자유민주주의라기보다는 쓰라린 민족 갈등, 포퓰리즘적 악선동, 그리고 양차대전 사이의 전간기戰間期에 영향력을 떨쳤던 일종의 우익 독재가 아닐까 하고 우려하는 평론가들조차도 이제 사회주의적 언어로 말하는 사람들에게는 아무런 미래가 없다고 봤다. 동유럽 국가들의 위기는 '사회주의의 위기'이자 '마르크스주의의 위기'를 의미하는 것으로 해석됐던 것이다.

불행하게도 좌파의 대다수는 이러한 도전에 제대로 대응할 수 없었다. 그들은 동유럽 국가들을 사회주의로 보면서 이들을 '사회주의적', '탈脫자본주의적', '변형된' 또는 '타락한 노동자 국가'라고

---

[*] 존스홉킨스 대학교의 교수 프랜시스 후쿠야마를 말한다.

불렀고 더욱 최근에는 이들을 '현존 사회주의' — 이것은 사회주의에 대한 어떤 다른 개념이 있다 하더라도 그것은 완전히 유토피아적일 뿐이라는 식의 암시를 준다 — 라고 불렀다. 그러나 지금 동유럽 나라들의 대중은 이러한 '사회주의'를 구현한 당들을 거부하고 옛 집권당 지도자들은 이제 자본주의만이 충실한 경제 발전을 허용한다고 주장한다. 동독의 공산당 경제부 장관인 크리스타 루프트가 1990년 1월에 한 말은 이러한 변화를 전형적으로 보여 준다. 그녀는 동독이 지금 "실질적 시장경제로의 이행"을 시작할 준비가 돼 있다고 말하고 이전에 자신이 강조했던 "자본주의와 중앙계획 사이의 중도를 찾는" 노선을 포기했다. 사회주의 시장경제에 대해서는 아무런 언급도 하지 않았음은 물론이다.[1]

과거 소련 정치국원이었던 보리스 옐친은 이렇게 선언했다.

내가 당에 가입했을 때 나는 당연하게도 그 이데올로기적 교리를 믿었다. 나는 공산주의만이 유일한 길이라고 믿었다. 이제 나는 이 모든 이즘들isms이 중요하지 않다고 생각한다. …… 나는 생산수단과 토지의 사적 소유를 지지한다. 새로운 모델이 필요하다. 가능하다면 사회주의적 영향력을 지니면서 사회주의의 긍정적 측면을 흡수하는 한편 서방 민주주의의 성과들도 수용할 수 있는 그러한 모델이 필요하다. 지난 가을 미국을 방문했을 때 나는 서방 민주주의의 성과들을 내 눈으로 직접 목격했다.[2]

기존의 서방 좌파들은, 경험적으로 볼 때 사회주의란 자본주의에서 자본주의로의 발전 과정의 한 과도적 단계에 불과하다는 조롱 앞에서 무기력하다! 서방의 유러코뮤니스트들이 특히 그랬다. 서방에서 가장 큰 공산당이었던 이탈리아 공산당은 곧 당명을 바꾸겠노라고 선언했다. 여전히 공산당원인 영국의 역사가 에릭 홉스봄은 어떤 인터뷰에서, "세계 전역의 공산주의"가 이제 "막다른 골목"에 다다른 것이 아니냐는 질문을 받고는 그렇다고 대답했다.³ 영국 공산당의 잡지인 ≪마르크시즘 투데이≫의 편집자는 공산주의가 죽었다는 결론을 내린다. 겨우 12년 전만 해도 1956년 헝가리 혁명 진압을 옹호했던 사람들이 이제는 사회민주주의 우파와 구별되지 않는 정치적 태도를 취하고 있다.

혼란에 빠진 것은 유러코뮤니스트들만이 아니다. 유러코뮤니스트들의 우경화에 저항해 왔던 사람들도 역시 혼란에 빠졌다. 친親소련 공산당 가운데 가장 영향력이 큰 축에 드는 그리스 공산당은 지난 2년 동안, 30년 전 이탈리아 공산당이 밟았던 것과 똑같은 궤도를 따라갔다. 이 당은 '혼합경제'를 수용했고 연립정부에 가담해 '긴축정책' 시행을 공모했으며, 유럽경제공동체EEC와 나토NATO 가입에도 동의했다. 과거 공산당 산업 조직자였던 영국의 버트 라멜슨이나 1956년에 스탈린주의를 가차없이 비판한 신좌파 비평가 E P 톰슨과 존 새빌 같은 사람들⁴도 이제는 "레닌의 엘리트주의적 당 개념, 특히 민주집중제 사상은 사회주의 운동에 아무런 도움도 주지 못했다고 생각한다"⁵고 선언한다. 지금까지 '강경 노선'을 걸어온 〈모닝 스타〉의 편집인은 "사적 소유와 자본주의적 기업이 존재하는 혼합경제라고 해서 반드시 자본주의인 것은 아니다"⁶ 하고 말한다.

그러한 결론에 저항하고자 하는 사회주의자들도 많다. '현존 자본주의'의 실상을 자세히 살펴본 그들은 사적 소유, '혼합'경제와 시장이 인류에게 밝은 미래를 가져다주리라고 믿지 않는다. 그러나 그들은 언제나 동방 블록을 자본주의에 대한 전 지구적 대안으로, '국제적 수준에서의 계급투쟁'의 표현으로 간주해 왔고, 이제 그들도 동구권이 해체되고 있다는 사실을 부정할 수 없게 됐다. 그들은 ≪뉴 레프트 리뷰≫ 편집자들이 동유럽의 "복고" 경향이라고 부른 것을 두려워하면서 심각한 비관주의에 빠져 버렸다.⁷

그러한 비관적 결론을 피할 수 있는 길은 단 하나뿐이다. 그것은, 마르크스주의를 자임해 온 국가들에서 지금까지 무슨 일이 진행돼 왔는지를 철저히 분석하기 위해 마르크스주의를 사용하는 것이다. 오직 그러한 분석을 통해서만 좌파는 국제적 차원에서 새로운 방향 정립을 할 수 있고 또 살아남을 수 있다. 그리고 그러한 과정은 마르크스주의 분석 방법의 정당성을 확인해 줄 것이다. 이 잡지*는 언제나 동유럽 사회들을 관료적 국가자본주의

---

* *International Socialism*.

로 규정해 왔다.[8] 이러한 관점은, 동유럽 사회들이 서방의 생산양식과 근본적으로 다른 생산양식을 체현했다는 '상식적' 편견과 충돌했다. 우리가 좌파 안에서 대중적 지지를 얻지 못했던 것은 바로 이 때문이다. 그러나 오직 이 이론만이 지난 몇 달 동안의 사건들 — 다른 관점으로 보면 단지 혼란스럽기만 한 사건들 — 을 제대로 이해할 수 있게 해 준다. 또 이 이론을 통해서만 우리는 세계의 지배계급들이 취할 미래의 선택이 무엇인지뿐만 아니라 그들과 투쟁하고자 하는 우리의 미래의 선택이 무엇이어야 하는지도 이해할 수 있다.

소련 : 무너진 환상

대체로 소련에서 변화가 시작된 때는 1985년 고르바초프의 권력 장악 이후라고들 한다. 고르바초프 자신은 개혁파로서 특별히 이렇다 할 명성이 없었다. 추방된 반체제 활동가 조레스 메드베데프가 말했듯이 고르바초프는 "자유주의 개혁파도 강경 개혁파도 아니었다."[9] 사실상 그는 고위층 인물 덕분에 최고 통수권자가 될 수 있었는데, 특히 전임 서기장 — 오랫동안 KGB의 의장이었으며 1956년 헝가리 혁명을 진압하는 데 직접 가담한 안드로포프 — 의 후원이 없었다면 불가능했을 것이다.[10]

집권한 지 1년도 안 돼 고르바초프는 이전 20년간의 노선과는 상이한 노선을 추진했다. 1986년 당대회에서 그는 페레스트로이카 — 구조 개편 — 와 글라스노스트라는 슬로건을 제기했다. 그리고 1987년 1월에 열린 중요한 당 중앙위원회 회의에서 이러한 변화들을 촉구하는 연설을 했고 1988년 6월에는 거의 반세기 만에 처음으로 집권당의 특별 당대회를 개최했다. 그래서 1989년 봄에는 진정한 경쟁 선거가 실시됐다.

고르바초프가 '평화혁명'을 약속한 이후 저널리스트들은 1920년대 중반 이래 처음으로 소련의 실제 생활에 관해 쓸 수 있도록 허용됐다. 그래서 만연한 부패의 실상이 알려지게 됐다. 마피아의 지배, 대규모의 빈곤과 성매매, 보건 의료 서비스의 악화, 심각한 오염과 거대한 환경문제가 보도됐고, 1988년 여름에는 상층 관료의 막대한 특권이 보도됐다. 중앙지나 지방지에 기사를 쓰기 시작한 기자들 중에는 브레즈네프 시대에 '반체제 분자'라는 죄목으로 투옥됐던 사람도 있었다. 그러나 이제는 사미즈다트*를 출판한 사람들에 대한 구속 조치는 더는 없었다. 고르바초프는 고리키 시市로 유배됐던 반체제 물리학자 안드레이 사하로프에게 직접 전화를 걸어 모스크바로 돌아오도록 권했다.

'개방'은 매체에서 문화생활로 확대됐다. 금지됐던 소설들이

---

* samizdat. 옛 소련의 지하 출판물.

출판되기 시작했고 금지됐던 그림들이 화랑에서 기괴한 사회주의 리얼리즘 작품들을 대체하기 시작했다. 비록 방향이 불분명하긴 했지만 체제에 대한 매서운 분노를 표현했던 록그룹들이 콤소몰* 같은 공식 청년 조직들의 초청을 받아 콘서트를 열었다. 경제학자들은 소련이 거둔 경제적 성과에 대한 60년간에 걸친 거짓말의 실상을 드러냈고, 역사학자들은 ― 처음에는 서서히 ― 스탈린 시대의 진실을 폭로하기 시작했다. 모스크바 재판을 다룬 한 편의 영화가, 1988년 1월에는 금지됐다가, 그로부터 4개월 후에는 텔레비전에 공개적으로 방영됐다. 그해 말이 되자 1930년대에 스탈린에게 숙청당한 당원들이 모두 '복권'됐다. 1989년에는 트로츠키의 역사적 역할을 칭송하는 기사들도 소수 나타났다. 60년 동안 사람들의 마음을 짓누르던 이데올로기가 마치 하룻밤 사이에 무너져 내린 것만 같았다.

고르바초프 취임 후 3년간의 소련에 대해 글을 쓴 사람들의 반응은 사실상 모두 고르바초프를, 혼자 힘으로 거대한 진보적 변화를 불러일으키는 사람으로 보는 것이었다. 이 점에서는 좌파나 우파나 같은 태도를 보였다. 당시 영국 공산당이 보기에 고르바초프는 사회주의를 다시 대중적인 것으로 만들려고 하는 사람이었다. 1989년에 출간된 《마르크시즘 투데이》의 기사 모음집은 고르바

---

* komsomol. 옛 소련 공산당이 조직한 공산주의청년동맹.

초프가 알렉산드르 야코블레프, 예두아르트 셰바르드나제와 더불어 러시아 지도부 가운데 "진실로 민주적인 경향"을 대표한다고 썼다. 또 고르바초프가 "대중의 주도권과 개인적 참여를 자극하고 열성적으로 고무"할 뿐 아니라 "제도적 타성이나 관료적 저항을 극복하기 위해 필요한 일단의 활동적 사회 세력을 창출하는 것 ─ 이것은 분명 이탈리아 마르크스주의자 안토니오 그람시에게 빚지고 있는 접근 방식이다 ─ 을 강조하고 또 강제보다는 동의를 …… 강조한다"고 썼다.[11] 타리크 알리가 보기에 고르바초프의 개혁은 "사회주의적 프로젝트를 …… 크게 부양浮揚"할 일종의 "정치혁명"의 시작과 비슷한 것이었다.[12]

고르바초프에 대한 무조건 지지는 소련 자체 내에서 옛 체제를 비판하던 사람들 사이에서도 널리 퍼져 있었다. 새로 출현한 많은 비공식 조직들은 자칭 "페레스트로이카를 위한" 클럽이었다. (브레즈네프 치하에서 투옥된 바 있는) 보리스 카갈리츠키 주변의 좌파 사회주의자 그룹은 모스크바에서 '페레스트로이카를 위한 사회적 이니셔티브'라고 이름 붙인 회의를 소집했다.[13] 또 한 사람의 정치수였고 지금은 '모스크바 인민전선'의 신문을 편집하는 알렉산더 페도로프스키는 "당시에 우리는 모두 고르바초프 지지자였다" 하고 말한다.[14]

당시에는, 지금 우리가 이 잡지에서 주장하듯이 좌파가 고르바초프를 믿어서는 안 된다고 주장할 준비가 돼 있는 사람은 극

소수에 불과했다. 그러나 환멸은 머지않아 닥쳐왔다. 고르바초프는 페레스트로이카와 글라스노스트를 '방해한' 사람들을 거의 비판하지 않았으며 이것들을 '너무 빨리' 진행시키려 한 사람들도 공격하지 않았다. 그러나 1987년 가을이 되자 그는 너무 빨리 나아가려 한다는 이유로 당시 모스크바 당 조직의 의장이었던 보리스 옐친과 관계를 끊고 그 자리에 좀 더 보수적인 인물인 자이코프를 앉혔다. 사람들은 1917년 혁명을 기념하는 기조연설에서 고르바초프가 좀 더 빠른 변화를 요구하리라 기대하고 있었다. 그러나 기대와는 달리 그는 좀 더 빠른 변화를 원하는 사람들과 좀 더 느린 변화를 원하는 사람들 사이에서 조심스럽게 균형을 취하는 태도를 보였다. 5개월 뒤, 어떠한 글라스노스트에 대해서도 반대하던 정치국원들이 사태가 너무 멀리 나아가고 있다고 주장하는 내용의 기사를 〈소비에츠카야 로시야〉에 실으려 했을 때에야 비로소 고르바초프는 1988년 6월 특별 당대회 직전에 글라스노스트를 확대했다. 비판적 지식인들은 이전에는 제기된 적이 없었던 질문들, 즉 소비에트 사회, 소비에트 역사는 무엇이었는가 하는 질문을 던질 기회를 포착했다. 60년 만에 처음으로 많은 지역에서 공개적이고 합법적인 시위가 개최돼 당대회에 참석한 대표자들에게 페레스트로이카와 글라스노스트, 그리고 고르바초프를 지지할 것을 요구했다.

그러나 대회에서 고르바초프는 옐친의 비판에 대한 응답으로,

유명한 보수주의자 리가초프의 편을 들었다. 새로 조직된 극장 노조의 위원장 미하일 울라노프가, 모스크바 외부에서는 언론이 아직도 지역 당 수뇌들의 통제를 받고 있다고 불평하자 "뒤에 앉아 있던 고르바초프가 끼어들었다. 내가 기억하기로 그는, 지역 신문들이 모스크바 신문에서 때때로 보이는 과도함만은 범하지 말아야 한다고 주장했던 것 같다."[15]

새로운 인민대표회의의 구성에 대해 고르바초프가 제안한 '자유선거'는 공식(즉, 당이 통제하는) 조직의 지명자들에게 전체 의석의 3분의 1을 미리 할당해 두고 선거구 후보자 회의에서 바람직하지 못한 후보를 솎아 내도록 사전 여과 과정을 설정해 두는 것이었다. 다음 달에 그는, 경찰이 '인가받지 않은' 시위에 참가하는 사람들을 체포하도록 허용하는 법령에 서명했고 지역 기관원들이 선거구 회합에서 자신들의 후보를 당선시키기 위해 전력을 다하도록 내버려 뒀다.

첫 번째 회기 동안 인민대표회의는 당 관료의 특권, 끔찍할 정도의 소비재 부족, 나라 전역에 광범위하게 퍼진 빈곤, 스탈린의 공포스러운 유산, KGB의 행동, 그루지야에서의 특수부대 동원, 소수민족 차별 대우, 시위의 권리와 정부 비판 권리, 심지어 고르바초프 자신의 결정을 비판할 권리를 제한하는 법령 등 사실상 모든 것에 대해서 불만을 토로할 수 있었고 실제로 그랬다.

그러나 전반적인 절차들은 그러한 불만이 어떤 민주적 의사

결정에도 반영되지 못하도록 세심하게 조직됐다. 인민대표회의가 열리기 전에, 집권당의 중앙위원회는 의석의 70퍼센트를 차지하는 당원들에게 고르바초프가 한 사람의 반대도 없이 대통령에 선출돼야만 한다고 지시했다. 그 후 고르바초프는 부통령 선출권과 다른 정부 핵심 요직에 대한 지명권을 자신이 갖는다고 주장했다. 이보다 규모가 작은 상설 의회인 최고 소비에트의 선거인 명부는 복수 후보들 사이에서의 선출을 전적으로 부정하는 방식으로 작성됐다.

인민대표회의에서 논쟁의 여지가 있는 쟁점들이 제기되면 대표들은 직접 표결하기보다는 최고 소비에트에 보고할 의무를 갖는 위원회들에 회부했다. 그루지야 학살, 당 최고위층의 부패를 고발한 두 검사의 파면, 발트 해 연안의 공화국들을 소련에 합병한 스탈린-히틀러 협약 문제 등등이 이런 식으로 처리됐다.

고르바초프는 회의의 의장을 맡거나 아니면 의장의 바로 뒤에 앉아 자신이 원할 때면 언제나 회의에 끼어들면서, 급진파 대표들이 발언하게 허용하고 나서 실제로는 보수적 다수파의 열렬한 지지를 받는 결정들을 통과시켰다. 사하로프가 아프가니스탄에서 자행한 소련군의 잔학 행위를 고발하는 연설을 하다가 야유를 받았을 때에도, 또 로쟈노프 장군이 트빌리시의 시위자들에 대한 내무부 치안대의 잔악한 공격을 옹호했을 때에도 정작 고르바초프 자신은 아무런 관심도 보이지 않았다.

이렇게 되자 한 해 전만 해도 고르바초프에게 가장 호의적이었던 급진파 인사들이 그를 가차없이 공격하기 시작했다. 역사학자 유리 아파나셰프는 인민대표회의 자체에 불만을 터뜨렸다.

…… 우리는 스탈린-브레즈네프 식 최고 소비에트를 구성하고 말았습니다. …… 어제 이 회의에서 …… 모양을 갖춘 다수파는 인민이 우리에게 기대하는 일체의 결정을 저지했습니다. …… 그리고 다름 아닌 당신, 미하일 세르게예비치[고르바초프 — 하멘는 이 다수파의 목소리를 귀담아 듣거나 그렇지 않으면 그들에게 영리하게 영향력을 행사하고 있습니다. …… 우리는 누가 우리를 이곳, 의사당으로 보냈는지를 잠시라도 잊지 말아야 합니다.[16]

의사당 밖의 급진적 정서는 이보다 더 격렬했다. 여론조사를 보면 다수의 사람들이 인민대표회의에 실망하고 있었던 것으로 나타난다. 그리고 루즈니키 경기장에서는 거의 매일 집회가 열렸다. 리투아니아 라디오 방송은 다음과 같이 보도한다.

한 관측통에 의하면 집회 참석자 수는 15만 명에 이른다. 사람들 15만 명이 거대한 아스팔트 경기장에 서 있는 것이다. …… 집회는 메모리얼 소사이어티와 모스크바 인민전선이 조직했다. …… 보리스 옐친의 이름을 언급하기만 해도 군중은 환호를 보냈다.

학자 사하로프가 참석했다는 소식은 군중을 흥분시켰다. ······.[17]

어떤 집회에서 모스크바 인민전선의 비탈리 포나마로프는 "우리는 고르바초프를 믿지 않는다. 고르바초프는 인민에 대한 권위를 잃어버렸다"[18]고 선언해 참석자들에게 큰 박수갈채를 받았다.

그해 말 고르바초프가, 전국에서 가장 빠르게 성장하고 있던 신문 〈아르구멘티 이 팍티〉의 편집인을 해직하려 하고[19] 인민대표회의 2차 회기에 사하로프가 연설하던 도중에 마이크를 꺼 버리는 것을 목격한 후 급진적 지식인들의 환멸은 매우 깊어졌다. 사하로프가 죽기 전에 한 마지막 정치적 행동은 민주화를 제약하는 것에 항의해 파업을 호소한 것이었다. 다른 당들의 존재를 승인하기로 한 1990년 2월 중앙위원회 결정은 서방 언론의 커다란 환호를 받았지만, 소련 내부의 환멸을 멈추게 할 수는 없었다. 어느 서방 기자도 인정했듯이, "비공식 그룹들은 개혁이 뒤뚱대고 있는 것에 불만을 느꼈으며 어째서 보수파들이 제거되지 않고 여전히 행세하고 있는지를 알고 싶어 했다."[20]

소련의 경제 위기

고르바초프에 대한 불만 증대는 급진적 지식인들만의 현상이 아니었다. 일반 대중 사이에서도 환멸의 분위기가 점차 커져 가고 있었다. 1989년 봄의 선거에서 이미 이 점이 분명해졌다. 이때 옐친은 모스크바에서 당이 공천한 후보를 눌렀고 당 후보들은 레닌그라드와 키예프에서도 패배했다. 결정적 요인은, 대부분의 사람들이 보기에 경제 상황이 페레스트로이카의 진척으로 향상되기보다는 더욱 악화하고 있다는 것이었다.

고르바초프의 자문위원인 아벨 아간베기얀은 1989년 초에 이렇게 말했다.

> 대다수의 소련 가구들은 상황이 뭔가 나아지고 있다고 느끼지 않는 듯하다. …… 소비자 시장으로의 상품 공급은 1987년 하반기와 특히 1988년에 들어서 '갑자기' 크게 악화하기 시작했다.[21]

그해 초여름에 있었던 집권당 중앙위원회 회의에서 연설자들은 하나같이 점증하는 대중의 분노에 대해 경고했다. 블라디미르 지구당 위원장인 보보비코프는 "집회에서 노동자들은 '손 씻을 비누도 없는 우리 체제는 대체 어떤 종류의 체제란 말인가?' 하고 분노를 터뜨린다"고 말했다. 카자흐스탄 지구당 위원장인 콜빈은, 자신의 '경보 감각'에 따르면, 소련의 일부 지역에서 "인민이 분개해 끓어오르고 있고 시위와 집회와 파업 쪽으로 이끌리고 있다"고 말했다. 거의 모든 연설자들은 하나같이 언론이 상황의 "부정적 특징들"만을 조명하고 있다고 불평하며, 민주연합Democratic Union 같은 "비공식 그룹들"과 "반소비에트 조직들"이 젊은이들 사이에서 갈수록 더 많은 지지를 받고 있다고 말했다.[22]

중앙위원회 회의는, 파업 물결이 시베리아의 보르쿠타와 쿠즈바스에서 그로부터 수천 마일 떨어진 우크라이나의 돈바스까지 전국의 석탄 광산들을 휩쓸고 있을 때에 열렸다. 그 파업은, 총리인 리시코프가 모스크바에서 파업위원회를 만나 그들의 긴급한 경제적 요구를 들어주겠다고 동의하고 나서야 비로소 끝났다. 파업이 끝난 후에 고르바초프는 "우리는 이미 경제에 대한 통제를 상실하기 시작했다. …… 만약 다른 곳에서도 상황이 통제를 벗어나 폭발하게 된다면, 국민경제의 정상적 작동을 보장하기 위해서 그것을 확고히 장악해야만 한다"고 주장하면서 최고 소비에트를 통해 反파업 법률을 통과시켰다.[23] 리시코프는 "경제 상황이 악화했다. 특히 3사분기의 경제 상황이 크게 악화했다. 9월에 들어서는 경제 활동에서도 심각한 하락이 나타나고 있다"고 인정했다.[24]

리시코프는 상황에 대한 통제력를 되찾으려고 필사적으로 시도하면서 12월에 인민대표회의에서 일련의 비상조치를 선포했다. 그것은 페레스트로이카의 핵심이라 할 수 있는 중앙 명령 경제로부터의 이행을 사실상 폐기 처분하는 것이었다.[25] 옐친은 당시 널리 퍼져 있던 대중의 회의적 분위기를 집약해 인민대표회의에서 다음과 같이 말했다.

우리가, 페레스트로이카는 모든 사람을 포섭하면서 더욱 깊고 넓게 진척되고 있다고 끊임없이 떠들고 있는 동안에 인민은 믿음을 잃어 가고 있다. …… 이번 개혁은 국가 경제를 개혁하고자 하는 것으로서는 30년 동안에 벌써 다섯 번째로 시도되는 것이다. 1956년, 1966년, 1979년, 1983년의 개혁을 상기해 보라. 도대체 우리가 이룬 것이 무엇인가? 우리의 다섯 번째 시도 역시 벌써 5년이 흘렀건만 아직 아무것도 이뤄 내지 못하고 있다.[26]

소련의 민족문제

고르바초프에 대한 점증하는 환멸의 근저에 깔린 마지막 요인이 있다. 그것은 경제 위기가 심화돼 감에 따라 점차 커져 가는 대중의 불만에 대처하는 데서 그가 보인 무능력이었다.

1989년 여름과 가을의 광산 노동자 파업은 이러한 불만의 표현 중 하나였다. 그러나 소련 인구의 절반을 차지하는 비非러시아계 인종 집단 사이에서 민족주의가 분출해서 1988~1989년 거의 내내 계급투쟁의 직접적 표현들은 흐려지고 말았다. 페레스트로이카를 개시했을 때 고르바초프는 그러한 민족주의의 가능성을 깨닫지 못했다. 그는 1987년 여름에 다음과 같이 격찬을 늘어놓았다.

민족 분쟁이 세계의 가장 선진적인 나라들도 피하지 못한 문제임을 고려할 때, 소련은 인류 문명의 역사상 진실로 독특한 사례다. 러시아 민족은 민족문제를 해결하는 데서 탁월한 구실을 했다.[27]

당시에 고르바초프를 찬양한 전 세계의 좌파들은 근시안적이었다.[28] 사실, 민족적 불만의 씨앗은 이미 오래 전부터 뿌려져 왔기 때문에 이데올로기적으로 그것을 살펴볼 준비가 된 사람들의 눈에는 이미 가시적인 것이었다.[29]

민족문제에 대한 전반적 무지는, 카자흐 지역의 당 지도자인 쿠나예프를 파면하고 그 대신 러시아인 콜빈을 앉힌 데 대한 민족주의적 저항이 일자, 이를 처리하기 위해 1986년 말에 알마아타로 군대가 파견된 이후에도 지속됐다. 동방과 서방의 평론가들은, 시위대가 파면된 지도자의 지지자들이 준 마약에 심각하게 중독돼 있었다는 공식 발표를 받아들였다.[30]

그 후 1988년 2월에는, 1927년 이래 소련 어디에서도 볼 수 없었던 대규모 시위가 아르메니아의 수도 예레반을 휩쓸고 지나갔다. 시위대는 아제르바이잔 공화국 인근 지역인 나고르노카라바흐가 아르메니아 공화국에 통합돼야 한다고 주장했다. 이 지역 외부 사람들은, 겨우 18만 인구가 살고 있을 뿐이고 산으로 둘러싸인 가난한 지역인 카라바흐에 대해 거의 들어 본 적이 없었다. 예를 들어 그곳은 〈뉴욕 타임스〉에서 반세기 만에 단 한 번 언급됐을 뿐이다.³¹ 그러나 이 문제는 이후 2년 동안 국내 정치에 어두운 그림자를 드리웠다.

첫 번째 시위대는 고르바초프의 사진을 들고 행진하면서 "카라바흐는 페레스트로이카의 시험대" 같은 슬로건을 되풀이해서 외쳤다. 고르바초프는 아르메니아 텔레비전을 통해 한 시간 반 동안 연설했고 정치국원들이 모스크바에서 아르메니아와 아제르바이잔으로 몰려들었으며 29대의 비행기를 타고 온 군인들이 예레반에 배치됐다. 그러나 시위는, 고르바초프가 대규모 군중집회에서 선출된 대표들과의 전례 없는 협상에 동의할 때까지 계속됐다.

그러는 동안 바쿠 인근의 카스피 해에 있는 아제르바이잔의 산업 항구 숨가이트에서 갑작스러운 — 그리고 원인 불명의 — 폭동이 터졌다. 아제르바이잔 군중은 이곳의 아르메니아인을 학살하기 시작해 적어도 31명을 살해했다.³² 이 사건에 대한 모스크바 당국의 반응은, 아제르바이잔 폭동 가담자들 중 일부를 체포해 재판에 회부하고 아르메니아와 카라바흐에 군대를 보내 그곳에서 민족주의 선동을 이끈 지역사회 지도자들을 체포하는 것이었다. 〈프라우다〉에 실린 한 기사는, 시위가 "정치적 출세주의자들과 모험주의자들"에 의해 촉발됐고 "그들 중에는 아르메니아를 비공산당 공화국으로 바꾸려고 획책하는 인물들이 끼어 있다"고 단언했다.³³

그래서 이후 여러 차례 되풀이된 하나의 패턴이 정착됐다. 3월에는 아르메니아와 카라바흐에서 시위와 총파업이 일어났다.

예레반 공항에서 군대가 피켓 시위를 하던 사람을 쏴 죽인 후인 7월에는 또 다른 파업들이 일어났다.

주민들에 따르면, 토요일에도 헬리콥터가 도시 상공을 순회했고 소련 군대가 거리에 깔려 있다. 하룻밤이 지나면 중무장한 군대가 병력 보강을 위해 진입했다는 소식이 보도된다. …… [34]

러시아 언론의 수많은 기사들은 "최고회의 간부회의의 호소를 분석하면서 한결같이 아르메니아 파업 노동자들을 비난했다. …… 11명의 카라바흐 지역위원회 위원들에게는 '모험주의자들'이고 무책임한 사람들이라는 낙인이 찍혔다."[35]

그러나 9월에 카라바흐와 아르메니아에서는, 주요 도시들을 군대가 점령하고 있었는데도 더 많은 파업들이 일어났고 아르메니아인들은 스스로 무장하기 시작했으며 러시아군의 헬리콥터들을 "페레스트로이카의 제비들"이라고 비난했다.[36] 불길하게도, 카라바흐와 그에 이웃한 아그담이라는 아제르바이잔 지역에 사는 아르메니아인들과 아제르바이잔인들 사이에 최초의 지역 분쟁이 일어났다. 아르메니아인들은 아제르바이잔 지역으로 몰려가기 시작했고 아제르바이잔인들은 아르메니아 지역으로 몰려가기 시작했다. 11월 말에는 양측에서 10만 명 이상의 난민이 발생했다. 아제르바이잔의 수도 바쿠와 아르메니아의 수도 예레반에서는 총파업과 시위가 일어났다. 탱크가 두 도시의 거리를 순찰했다.

지역적 폭력, 대중 파업과 시위는 1988년 12월 아르메니아에서 지진이 나자 한동안 줄어들었다. 그러나 소련 지도자들에게 문제의 해결책을 제시할 능력이 없는 것은 지난 9개월 동안이나 마찬가지였다. 그 대신 고르바초프는 지진이 일어난 지역을 방문해, 전국에 방영되는 텔레비전 방송에서 늘 그러듯이 주먹으로 책상을 치면서 카라바흐의 아르메니아인 위원회를 비난했다. 군대가 그 위원회 위원들을 체포하는 동안[37] 러시아 언론은 "카라바흐의 지도자들은 의욕적이지만 알맹이는 다수의 부패한 투기꾼들과 지역 마피아 대부들이 챙기고 있다"는 내용의 메시지를 실었다.[38]

결국 1989년 초에 고르바초프는, 아르메니아나 아제르바이잔 둘 중 어느 한쪽을 편들어야만 하는 상황을 모면하기 위해, 모스크바가 직접 카라바흐를 통치하겠다고 밝혔다. 그러나 그것으로는 어떠한 문제도 풀리지 않았다. 여름과 가을에 아제르바이잔인의 새로운 비공식 대중조직인 아제르바이잔 인민전선이 아르메니아 접경으로 가는 철도를 멈추는 파업을 조직하는 데 성공했다. 카라바흐를 다시 아제르바이잔에 복속시키려는 고르바초프의 시도는 어떠한 문제도 해결하지 못했다. 1990년 1월경 양측의 비공식 조직들이 무기를 들게 되자 접경지대에서는 내전에 가까운 전투가 발생했고 바쿠에서는 다시 아르메니아인 학살이 벌어졌다.

고르바초프는 탱크로 중무장한 수만 명의 군대를 아제르바이잔으로 파견했다. 그러나 학살을 끝내지는 못했다. 바쿠에 거주하던 대부분의 아르메니아인들은 군대가 도시에 강제적 평온을 부과하기 오래 전에 이미 빠져나간 상태였다. 고르바초프는 텔레비전을 통해, 자신은 소련에서 아제르바이잔 공화국을 독립시키려는 시도를 저지할 것이며, 이란령 아제르바이잔과 소련령 아제르바이잔 사이의 국경 팻말 ― 이것을 지역 주민들은 '아제르바이잔 장벽'이라고 불렀다 ― 을 뽑으려는 시도를 저지할 것이라고 설명했다.

그러한 결정은 어느 누구의 지지도 받지 못했다. 소수민족들에 대한 어떠한 양보에도 반대하고 있던 러시아 관료 내의 보수파들은 고르바초프에게 왜 좀 더 일찍, 그리고 좀 더 강경하게 이견을 억누르려 하지 않았는지를 물었다. 급진파들은 왜 학살이 한창 진행 중일 때 군대를 보내지 않고 아제르바이잔인들이 연방 탈퇴를 이야기하기 시작했을 때에야 군대를 보냈느냐고 따졌다.

아르메니아와 아제르바이잔의 분쟁은 고르바초프를 곤혹스럽게 만든 여러 민족운동 가운데 단지 첫 사례에 불과했다. 1988년 여름에는 1939년의 스탈린-히틀러 협약 이후 스탈린이 합병한 발트 해 연안의 세 공화국 ― 라트비아, 에스토니아, 리투아니아 ― 에서 갑작스럽게 민족운동들이 일어났다. 이곳 주민들이 처음으로, 전에 독립국이었던 자신들이 소련에 강제 합병된 것과 이어서 수만 명의 주민이 시베리아로 강제 이주된 것에 대해 터놓고 토론할 수 있다는 사실을 알게 되면서 대규모 시위가 잇따랐다.

그들은 '구조 개혁 운동' — 이것은 곧 인민전선으로 알려지게 된다 — 을 조직했다. 집회가 열리면 수십만 명이 이 지역의 모든 주요 도시에서 거리로 몰려나왔다. 처음에 고르바초프는 자신이 이 운동들을 쉽게 억누를 수 있을 것이라고 생각했다. 그는 이 공화국들의 기존 당 지도자들을 자신의 지명자들 — 이들은 일반적으로 연방 기구에서 출세한 지역 민족주의자들이었다 — 로 교체했고 이들로 하여금 민족적 정체성과 변화를 추구하는 운동들의 선두에 나서도록 지시했다. 이 새로운 공산당 지도부는 1988년 10월에 열린 각 공화국의 인민전선 창립 대회에 나타나 고르바초프가 설정한 목표를 지지하는 성명서를 낭독했다.[39]

그러나 앞서 언급한 캅카스 지역에서와 마찬가지로 고르바초프는 민족운동의 배후에서 작동하고 있는 동력을 장악할 수 없었다. 토착 리투아니아인, 에스토니아인, 라트비아인들의 불만이 너무나 커서 인민전선은 날이 갈수록 급진화했고 지역 당 지도자들이 따라잡기 어렵게 됐다. 오히려 그것을 따라잡으려는 그들의 시도 때문에 완전한 선동의 자유와 언론의 자유를 실질적으로 보장할 수밖에 없었다. 1988년 초가 되자 지역 라디오 방송들은 소련의 지배를 공개적으로 비판했고, 소련의 여타 지역에서는 아직도 반쯤 금지돼 있던 민주연합이나 벨로루시 인민전선 같은 조직들이 발트 해 공화국들에서는 공공연히 집회를 할 수 있었다. 인민전선은 1989년 봄의 인민대표회의 선거에서 지역 의석을 거의 대부분 장악했는데, 지역 공산당 지도자들은 자신들이 여전히 인민전선의 지지를 받지 못하고 있다는 사실을 알게 됐다. 당원들은 인민전선을 장악할 목적으로 그 속에 투입됐으나 실제로는 당의 지령을 완전히 무시하게 됐고 스스로를 무엇보다도 인민전선의 일원으로 간주하게 됐다. 나중에 고르바초프는 이 점에 대해 다음과 같이 불평을 터뜨렸다.

> 리투아니아 중앙위원회의 공산당 지도부에게는 공세로 나아갈 결단력과 힘이 부족했다. …… 3월 선거 이후에 조직적, 정치적 마비 상태가 더 심해졌다. 1989년 4월에 사유디스[리투아니아 인민전선 — 하먼]는 리투아니아 공산당이 [모스크바 공산당으로부터 — 하먼] 독립한다는 결의를 채택했다. …… 공산당의 지역 조직을 민족주의적 색조의 운동과 조직으로 용해시키는 과정이 힘을 얻기 시작했다. 당의 규율은 급격히 무너졌다.[40]

1989년 말경 이 세 공화국의 인민전선은 소련에서 완전히 독립한다고 공개 선언했고 지역 공산당 지도부를 이 방향으로 몰아세웠다. 게다가 발트 해 지역 민족운동의 합법화는 소련의 여타 지역의 민족 감정을 불러일으키는 촉매제가 됐다. 얼마 전만 해도 감옥형을 받았음직한 요구들이 자유롭게 제기됐다. 한편 지역 공화국의 관료들은 대중의 지지를 얻으려면 그러한 요구들을 따르는 것이 옳은 전술이라고 믿었다.

발트 해 국가들에서의 민족운동과 비슷한 힘을 지닌 민족운동들이 곧 그루지야와 몰다비아에서 확고히 자리를 잡았고 1989년 중반에는 아르메니아와 아제르바이잔에서도 자리를 잡았다. 그리고 민족주의 선동은 벨로루시와 서부 우크라이나에서 — 비록 그 이전의 모든 것을 휩쓸어 버릴 정도는 아니었지만 — 커다란 반향을 얻고 있었다. 그러는 동안 우즈베크족, 타지크족, 카자흐족, 메스케티안 투르크족, 아브하지아인 등 많은 민족운동이 새롭게 출현하고 있었다.

이 새로운 운동들은 두 종류의 동학動學을 보여 준다. 첫 번째이자 고르바초프가 다스리던 모스크바의 중앙 관료제에 가장 위협적인 동학은 연방 분리를 향한 움직임이었다. 두 번째는 상호 간의 치열한 지역 분쟁을 향한 움직임이었다.

지역 공화국 관료들이 자신들의 대중적 지지도와 입지를 높이기 위해 민족주의 카드, 특히 언어 카드를 사용함에 따라 러시아 관료 내의 보수파들은, 러시아어를 사용하는 경영자와 노동자를 단합시키면서, 변화에 반대하는 '국제노동자운동'*을 조직해 나갈 수 있었다. 이 운동은 1989년 에스토니아와 몰다비아에서 러시아 민족주의 슬로건을 걸고 파업을 벌이는 데 성공했다. 이리

---

*   intermovement. international movement of workers의 약자.

하여 러시아어를 사용하는 소련의 핵심 부위 내부의 보수파들은 깊이 뿌리박은 국수주의 사상을 부추기면서 러시아 민족주의 선동에 박차를 가할 수 있었다. 차르 체제와 스탈린 체제는 러시아인이 우월한 민족이며 러시아 제국의 다른 민족들을 '문명화'할 책임이 있지만 러시아인들 자신은 외부 세력, 즉 유대인의 음모 때문에 고통을 겪고 있다고 가르쳤었다.

러시아 국수주의와 반反유대주의가 실제로 얼마나 광범위하고 깊게 뿌리박고 있었는지를 말하기는 어렵다. 그러나 그것이 1989년 말에 친親고르바초프 지식인들 사이에서 ― 〈모스크바 뉴스〉에 실린 그들 사이의 토론이 보여 주듯 ― 심각한 공포를 불러일으키고 있었음은 의심할 여지가 없다.

옛 보수 세력이 선동을 하고 대중의 지지를 이끌어 내는 방식은 거의 공포에 가까운 상태를 불러일으키고 있었다. 암바르트수모프는 "페레스트로이카가 시작될 때의 원대한 희망은 오늘날 실망으로 바뀌었으며 때로는 증오심으로까지 바뀌고 있다" 하고 말했다. 카르핀스키에 따르면,

보수파는 이 나라가 지금 겪고 있는 어려움들(누구나 알고 있는)을 지적한다. 경제의 많은 분야에서 나타난 위기, 물자 부족, 시장의 불균형, 새로운 관계가 들어서기 전에 낡은 관계가 붕괴해 버린 것 …… 등이 그것이다. 보수 세력은 불확실한 전망과 기근

의 분위기 속에서 번창하고 있다. ……

    국가기구의 이익을 특정 계층 주민의 정서와 연결 지으려는 시도가 이뤄지고 있다. ……[41]

소련의 침체 상태

"기차는 출발 준비를 완료했지만 우리를 끌고 갈 엔진이 없다." 레닌그라드의 록그룹인 아쿠아리우스의 노래 가사는 1990년 초 소련의 전반적 침체 상태를 잘 보여 준다. 그런 침체는 사회생활의 모든 부분과 모든 사회계층에 영향을 미친 것으로 보인다. 경제가 통제 불능 상태에 빠지자, 개혁파 경제학자이자 부총리인 아발킨은 이렇게 불평했다.

    파업 물결이 경제를 삼켜 버렸다. 긴장은 계속 고조되고 있으며 "만약 당신이 이 문제를 풀지 못하면 우리는 파업을 하겠다"는 식의 협박 편지가 줄을 잇고 있다.[42]

    소련의 한쪽 끝에서 반대쪽 끝까지 전역에서 소수민족들이 불만을 털어 놓고 있었다. 라트비아, 에스토니아, 몰다비아, 그루지야에서는 파업이 일어났다. 리투아니아는 독립을 요구했다. 〈프라우다〉는 "여러 달 동안 우즈베키스탄의 타슈켄트와 그 밖의 여러 도시 주민들은 평화롭게 살아 본 적이 없다. …… 인가받지 않은 집회들이 거리에서 늘상 열리고 있다"[43]고 보도했다. 아르메니아와 아제르바이잔에서는 내전이 터졌다. 어느 곳에서나 가장 기본적인 생필품마저 점차 부족해졌고 그와 더불어 불만도 커져 갔다. 러시아에서는 볼고그라드(옛 스탈린그라드), 체르니고프, 튜멘 등 매우 중요한 석유화학 단지들이 있는 도시에서 대중적 저항이 일어나 지역 당 위원회를 물러나게 했다.[44] 이보다 수천 배나 강력하게 벌어진 크라스노다르와 스타브로폴의 시위들은 군대에 압력을 넣어 캅카스로 보낼 예비군 소집 명령을 중단시켰다.[45] 우크라이나 당 지도자인 이바시코는 이렇게 경고했다.

> 우크라이나의 일반적 분위기와 정치적 상황은 리투아니아, 트랜스캅카스, 동유럽에서 일어난 사건들에 영향을 받을 수밖에 없다. 사람들은 동요하고 있다. 수많은 요인들이 그들을 불안하게 만들고 있다.[46]

이 공화국의 국가가 운영하는 공식 노조의 위원장은 "대중의 불만이 팽배하고 있어서 대규모 노동분쟁이 벌어질지 모른다"[47]고 경고했다. 〈이즈베스티야〉는 "트랜스캅카스에서 우리가 이미 목격한 바 있는 첨예한 긴장이 몰다비아 전역에 흐르고 있다"[48]고 보도했다. 예전에 〈콤소몰스카야 프라우다〉의 바르샤바 통신원이었던 한 기자는 이렇게 쓰고 있다.

> 나는 마치 한 편의 영화를 다시 보는 듯한 느낌이다. …… [1980년 폴란드 연대노조 파업 이후] 9년이 지난 지금 쿠즈바스와 돈바스의 광부들이 시위를 벌이고 있는데 이곳 광산 노동자들의 저항과 [1980년 폴란드] 그단스크 조선 노동자들의 저항 사이에는 유감스럽게도 수많은 유사점이 있다.[49]

'합의'를 바탕으로 나라 전체를 단결시킬 것이라는 기대를 모았던 새로운 기구들 — 인민대표회의와 개혁된 최고 소비에트 — 은, 비록 그들이 여러 사건에 큰 영향력을 미치는 것처럼 과장된 외관을 띠고 있었지만, 실제로는 사회 전반의 분열을 그대로 반영할 뿐이었다. 이 기구들은 소수의 급진 개혁파와 그와 비슷한 규모의 친고르바초프 '온건파', 그리고 공공연한 보수파로 분열돼 있었다. 인민대표회의나 최고 소비에트가 '전권'을 쥐고 있다는 생각은 점점 더 무의미해졌다. 왜냐하면 이들은 작은 문제들을 놓고 옥신각신 입씨름할 뿐이었고 정작 커다란 문제는 정치국 멋대로 하도록 내버려 뒀기 때문이다.

대중의 증오심은 이제 집권당의 심장부를 향했다. 60년 넘게 집권당은 경제 관료와 정부 관료들 내부의 서로 다른 이해관계를 서기장과 정치국 치하의 단일한 위계제로 묶어세우면서 철의 규율을 부과해 왔다. 이제 집권당 자신이 더는 통일된 방식으로 기능하지 못하고 있었다. 이 사실은, 당 기구 자체, 주요 기업과 정부 부처, 경찰과 군대의 간부직 등에 인력을 배치하는 사람들의 집결체인 중앙위원회 회의에서 나타났다. 어떤 지각 있는 러시아 사회학자는 이렇게 말했다.

> 지역 당 기구와 중앙당 지도부 사이의 점증하는 갈등의 징후들이 [1989년 — 하먼] 4월에 열린 소련 공산당 중앙위원회 회의에서 나타났다. 이 회의에서 많은 중앙위원들과 주州 위원회 서기들은 연설을 통해 자신들의 불만을 노골적으로 털어 놓았다. 그들은 정치국과 서기국이 당과 국가에서 일어나는 변화들을 지도하면서 옳은 태도를 취하지 못한다고 봤다. 이러한 불만은 최근 개최된 당 활동가 회의와 당 지역위원회 총회에서 더욱 크게 표현됐다.[50]

7월 회의의 분위기도 이와 마찬가지였다. 12월 회의에서 벌어진 토론은 너무나 격렬해서 당 지도부가 자신의 일상 활동을 중단해야만 했고 회의록을 출판하지도 못했다. 그렇지만 언론 보도를 보면 고르바초프의 개막 연설이, 바로 그 자신이 최근 레닌그라드 책임자로 앉힌 기다스포프를 비롯해 기층에서 즉각 빗발치는 듯한 비판을 받았음을 알 수 있다. 어떤 대표자는 〈모스크바 뉴스)에 자신의 소감을 아래와 같이 밝혔다.

이제껏 우리는 '신新사고'가 보수파와 교조주의자들이 가하는 여러 각도에서의 반대에 직면해 있다고 생각했다. 그런데 그때 나는 처음으로 고르바초프에게 책임을 묻는 목소리를 들을 수 있었다. 즉, 그의 노선이 틀렸고 "이제 우리가 옳은 길로 나아갈 때"라는 것이었다.[51]

그해 말경에 당내의 '급진파'와 '보수파'는 공공연히 서로를 욕하고 있었다. 그리고 이 두 분파는 점차 화살을 고르바초프에게 돌리기 시작했다. 고르바초프에게는 불행한 일이었지만, 그해 말에 소련의 제2의 도시인 레닌그라드에서는 지역 당 기구가 조직한 두 개의 대립적 집회가 개최됐다. 새해 초에는 급진적 반대파인 '민주주의 플랫폼Democratic Platform'이 공개적으로 조직됐고[52] 여기에 당 밖의 '비공식 그룹들'이 가세해 2월 초 모스크바에서 그때까지 열린 가장 큰 규모의 시위를 조직했다.

군대도 사회 전체의 해체 분위기에서 예외가 아니었다. 기층의 사병들은 여러 가지 인민전선에 가담하고 있었고 토론 모임의 일원으로 참여했으며 집회에서 연설을 하고 개혁 운동 단체인 실드Shield에 가담했다.[53] 중앙아시아의 여러 부대에서 온 아제르바이잔인 대표자들의 비밀회의에 대한 보도[54]에 따르면 예레반에서는 두 달 동안 "징집병들이 연좌시위를 벌였다. …… 몇몇 참가자들은 귀향 휴가를 받은 상태였고 자신들의 소속 부대로 돌아가려 하지 않았다."[55] 군 고위층에서는 개혁을 아주 못마땅해하는 장교들과 개혁에 공감하는 장교들 사이의 분열이 분명해졌다. 군 신문인 〈크라스나야 스베즈다〉는 가장 보수적인 출판물 중의 하나였다. 그러나 제2차 인민대표회의에서 "군 대표자들은 특히 의욕적이었다. …… 보수파와 중앙의 분열은 모든 문제에서 분명히 나타났는데, 특히 군사 문제에서 그랬다. 심지어 군대 대표자들 사이에서조차 그러한 분열이 나타났다."[56]

고르바초프는 1987년과 1988년에는 사태를 주도하는 것처럼 보였지만 날이 갈수록 사태의 포로임이 드러났다. 그는 중앙위원을 모두 사퇴시키고 정치국을 개편해 자신의 덕으로 승진한 사람들을 기용하는 한편 셰르비츠키나 체브리코프 같은 옛 '보수파' 사람들을 제거했지만, 사태를 주도할 수 있는 능력은 계속 약해졌다. 고르바초프는 '인가되지 않은 시위'를 금지하는 포고령에 서명했지만, 시위는 전보다 더 큰 규모로 일어났다. '민족적·인종적 적대나 분쟁을 불러일으키려는 고의적 행동'을 금지시켰지만, '민족 분쟁'은 전례 없이 늘어났다. 파업에 관한 법률을 통과시켰지만, 대중은 그런 것에는 아랑곳 않고 파업을 벌였다. 8월 말에 그는 발트 해 공화국 지도부에게 민족적 압력에 굴복하지 말라고 경고하는 편지를 보낼 것을 승인했다. 누가 보기에도 그것은 러시아 군대를 그곳으로 파견하겠다는 은근한 협박이었다. 그러나 리투아니아 당이 12월에 소련 공산당에서 독립을 선언하기로 결정하자, 고르바초프가 할 수 있는 일이라곤 중앙위원회를 소집해 리투아니아 지도자들에게 다시 생각할 것을 당부하는 또 다른 결의를 통과시키는 것뿐이었다.

당 지도부와 군 사령부는 점증하는 아래로부터의 소요를 단지 무시하고 있지만은 않았다. 그들은 운동을 파괴할 목적으로 매우 강경한 조치를 취했다. 그들은 출판을 금지하고 반대파를 억누르고 시위를 분쇄했다. 4월에 내무부의 특수부대는 트빌리시에서 수십 명의 시위대를 학살했다. 이 특수부대는 아르메니아와 카라바흐에서 18개월 넘게 작전을 수행했고, 몰다비아에서 11월 7일 [러시아 혁명] 기념일에 소요 사태가 발생해 3일 동안 지속되자 이 민족주의 시위를 분쇄하기 위해 몰다비아로 이동했다. 그러나 글라스노스트가 일관되지 못했던 것과 마찬가지로 억압 역시 일관되지 못했고 일정한 '민주화'가 이뤄졌다. 억압은 거대한 분노를 빚어내기에 충분할 만큼 지독했지만, 그 분노를 이후 행동으로 전환시키려는 의지를 분쇄할 만큼 지독하지는 못했다.

서방 언론들은 오랫동안 고르바초프의 열렬한 팬이었다. 그들은 고르바초프가 1990년 2월 초에 당의 지도적 구실을 규정한 소련 헌법 6조를 수정하기로 했을 때 그가 단호한 혁명적 자세를 취하고 있다고 봤다. 그러나 사실은 그렇지 않았다. 2주 전에 캅카스에 군대를 파견하기로 한 그의 결정이 단호하거나 과단성 있는 것이 아니었듯이 이 결정 역시 전혀 단호하거나 과단성 있는 것이 아니었다. 두 결정 모두 소련의 한쪽 끝에서 반대쪽 끝까지 소요가 점점 더 들끓는 가운데 궁여지책으로 나온 것이었다. 이 두 결정은 소요가 낳은 정치 구조의 균열을 봉합하려는 필사적 시도를 반영하는 것이었다. 그리고 둘 모두 체제가 맞이한 궁극적 곤란을 더욱 악화시킬 뿐이었다.

국제 정책 : 양날의 검

1989년 가을까지 고르바초프가 성공을 거둔 것은 단 한 가지뿐이었다. 그것은 국제 정책이었다. 그는, 카불 정부의 즉각적 붕괴 없이, 1989년 2월에 아프가니스탄에 주둔하던 마지막 소련군 부대를 철수시킬 수 있었다. 러시아 지도자로서는 흐루쇼프 시대 이래 처음으로 중국을 방문할 수 있었고 이란 정권과 새로운 협력 관계를 맺을 수 있었다. 무엇보다도 그는 미국과의 일련의 군축 협정을 통해 '신新냉전'을 끝낼 수 있었고 이로써 소련 경제의 군비 부담을 줄일 수 있었다. 또 미국과의 새로운 협력 정책을 통해 남아프리카와 중앙아메리카에서 지역적 갈등을 줄일 수 있었다. 그는 국내에서 자신의 지위를 해외에서의 인기를 통해 보강할 수 있었다. 그를 넘어서고자 하는 사람은 누구나, 매우 성공적인 것으로 보이는 그의 국제 전략을 파기하는 위험을 감수해야 했다.

그러나 그 전략에는 치러야 할 대가가 있었다. 그 전략 때문에 서방 강대국들, 특히 미국은 소련의 외교정책 결정에 대해 어느 정도 거부권을 행사할 수 있었다. 소련은 미국의 뒷마당인 중앙아메리카에 간섭하지 않는 데 동의했고, 서방 강대국들이 개혁과 억압을 결합해 남아프리카를 안정화하는 것을 돕는 데 동의했다(소련의 전략가들은 이러한 정책 덕분에 '민족해방운동'과 우방 정부에 대한 해외 지원 ― 소득은 별로 없는 ― 을 줄일 수 있게 됐다고 주장했다). 또한 고르바초프의 정책 때문에 소련은 자신의 세력권을 방어하기 위한 행동을 취하는 데 매우 조심스러워하게 됐다. 즉, 그러한 행동을 빌미 삼아 미국 정부가 협정을 깨고 소련의 군비 지출에 새로운 압박을 가하게 되는 상황을 피해야 했던 것이다.

이것의 의미는 1989년 가을이 되자 매우 분명해졌다. 소련의 세력권이었던 정권들이 동유럽 전역에서 산산조각 나기 시작했다. 그리고 소련의 외무장관인 셰바르드나제가 유럽의 전후 국경은 신성한 것이라고 떠들어 댔지만, 그나 고르바초프나 자신들의 종속 정부들을 봉합시킬 수 있는 방법은 거의 없는 듯했다. 1956년 부다페스트와 1968년 프라하에서 효과를 봤던 노골적이고 난폭한 행동은 불가능해졌다. 남은 것은 제2차세계대전 때 획득한 전략적 이득이 대부분 사라지는 것을 보며 애써 웃음 짓는 것뿐이었다.

1990년 1월 말에 셰바르드나제가 갑자기 180도 태도를 바꿔 독일의 재통일은 불가피하다고 말한 것이 두드러진 사례다. 그럼에도 소련의 지배자들은 훨씬 더 결정적인 또 다른 문제에 부딪혔다. 즉, 만약 자신들이 서방의 신경을 건드리지 않으려고 동유럽에서 행동을 취할 수 없다면, 발트 해 국가들에 대해서는 과연 행동을 취할 수 있겠는가 하는 문제였다. 이를 다른 말로 표현하면 고르바초프의 정책 때문에 소련의 외부 제국뿐 아니라 내부 제국도 상실하게 되는 것 아닌가 하는 것이었다.

1990년 초가 되자 고르바초프에 대한 환멸은 소련의 더 많은 민주화를 요구하는 사람들 사이에서뿐 아니라 옛날식의 '질서'를 요구하는 사람들 사이에서도 뚜렷해졌다. 고르바초프 정부가 전복돼서는 안 된다고 주장하는 사람들이 드는 주요 근거는 단지 그를 대체할 인물이 없다는 것뿐이었다.

동유럽 : 누적적 붕괴

고르바초프의 실험이 경제적 혼란, 사회적 위기 그리고 내전으로 발전하면서 붕괴하자 기존 좌파의 정설은 혼란에 빠지게 됐다. 그러나 동유럽 정권들의 붕괴 역시 이 정설의 가장 중요한 이론적 전제들을 침식했다. 왜냐하면 기존 좌파는 언제나 동유럽의 생산양식이 세계의 나머지 지역과는 다르다고 주장해 왔기 때문이다. 이 점은 동유럽을 '사회주의', '퇴보한 노동자 국가', '탈脫자본주의'라고 설명해 온 경우뿐 아니라 최근 들어 더 인기를 얻은 설명, 즉 동유럽 사회를 새로운 형태의 계급사회 — 관료적 집산주의, 국가주의, 심지어 동양적 전제정의 현대판 등 — 로 설명하는 경우에도 해당된다.

그러나 만약 동유럽의 생산양식이 세계 나머지 지역의 생산양식과 그렇게 달랐다면 지난 몇 개월 동안의 변화를 어떻게 설명할 수 있겠는가? 도대체 완전히 '비非자본주의적인' 생산양식에 IMF 가입, 이윤을 위한 생산, 생산물을 적정 '수익률'로 팔 수 없는 기업들의 파산, 갑작스런 실업 증가, 심지어 주식거래 따위의 특징들을 접목하는 것이 어떻게 가능한가?

마르크스주의자들은 일반적으로, 하나의 생산양식에서 다른 생산양식으로의 이행은 낡은것과 새것 사이의 폭력적 단절을 포함한다고 주장해 왔다. 예를 들어, 트로츠키는 1920년대 소련에서 사회적 반혁명이 일어나지 않았다고 주장했다. 그가 제시한 근거는 폭력적 단절이 없었기 때문이라는 것이었다. 트로츠키가 보기에, 폭력적 단절 없이 생산양식의 변화를 이야기하는 것은 "개혁주의의 필름을 거꾸로 돌리는 것"이었다.

그러나 1920년대 말 스탈린의 '제2차 혁명'의 폭력성은 우리가 지난해 동유럽에서 본 그 어느 것보다도 더 두드러진 것이었다.

스탈린은 수많은 농민을 토지에서 내쫓기 위해 농촌으로 군대를 파견했다. 그는 임금 삭감에 대한 노동계급의 저항을 파괴하기 위해 공장에 경찰과 군대를 투입했다. 집권당 내에서 자신의 지배에 의문을 제기하는 사람이 있으면 보안경찰인 게페우GPU를 시켜 물리적으로 제거했다. 트로츠키의 말을 빌리면 스탈린주의와 볼셰비즘 사이에는 피의 강이 흐르고 있다. 스탈린 쪽이 무장을 했고 그의 반대자들이 무장을 하지 못한 채 전개된 이 내전에서 수많은 사람들이 희생됐다. 이와는 대조적으로 지난해 동유럽의 변화는 루마니아만 빼면 매우 평화적이었다.

변화의 과정은 폴란드와 헝가리에서 시작됐다. 폴란드에서는 1980~1981년에 사회적 갈등이 거대하게 분출해 15개월 넘게 국가의 활동을 마비시켰다. 그러나 1981년 12월의 군사 쿠데타가 마침내 독립 노조인 솔리다르노시치[연대노조]를 파괴했다. 물론 그렇다고 해서 정권에 대한 지하 반대파의 영향력까지 파괴된 것은 아니었다. 그 후 1988년 봄과 여름에 두 번의 파업 물결이 일어났다. 이는 정권뿐 아니라 대부분의 옛 연대노조 지도부까지 놀라게 했다. 첫 번째 파업 동안 연대노조의 지식인 자문위원들은 그 파업이 실수라는 느낌을 매우 강하게 가졌다. 두 번째 파업 때는 첫 번째 파업만한 열광도 없었다. 그러나 가장 많이 알려진 연대노조의 전국 지도자인 레흐 바웬사는, 자신이 그단스크의 레닌 조선소 점거에 참여해야 할 정치적 처지에 있다는 것을 깨닫게 됐다.

연대노조 지도부는, 파업이 네 개의 핵심 사업장에 국한될 것이고 1980~1981년처럼 빠르게 확산되지는 않을 것이라고 봤다.[57] 물론 파업이 지배계급의 권력을 무너뜨리고 사회를 혁명적으로 바꿀 정도의 규모는 아니었다. 그렇지만 폴란드 사회의 지배층 내에서 어떻게 자신들의 미래를 보호할 것인지를 둘러싼 격렬한 논쟁을 불러일으켰다. 마침내 그들은 내무부 장관 키슈차크가 제안한 전략을 채택했다. 지배층은 연대노조 전국 지도부가 노동자들에게 파업을 중지하도록 호소하는 것을 대가로 반대파나 '독립파'와 원탁회의를 하는 데 동의했다. 원탁회의에서 반半자유선거에 대한 합의가 이뤄졌고, 또 옛 집권당의 지도부는 연대노조의 자문위원이 IMF와의 협정을 거쳐 명령 경제를 개혁하고 광범한 사유화私有化*를 실시할 정부의 총리가 돼야 한다는 데도 합의했다.

기업, 경찰, 군대는 전과 마찬가지로 똑같은 사람들이 책임을 맡고 있었다. 언론 매체에서 과거 군사정부를 지원하던 사람들이 쫓겨나고 연대노조를 지지했다는 이유로 해고됐던 기자들이 복직했지만, 신문사와 방송국에서 그 밖의 인사상의 변화는 거의 없었다. 판사들은 이제부터는 '정치적 중립'을 지키겠다고 말하면 그만이었다. 그러는 동안에 옛 노멘클라투라[특권층]의 일부로서 지금의 자리에 오른 경영자들은 자신들의 부와 영향력을 이용해

---

* 'privatisation'은 흔히 민영화로 번역되지만, 이 책에서는 '경영권' 변경보다는 '소유권' 변경임을 분명히 하기 위해 사유화(私有化)라고 번역했다.

서 여러 부문의 산업을 매입했다. 약 1만 5000개의 주식회사가 노멘클라투라에 속하는 사람들에 의해 창설됐다.[58] 이 같은 일련의 사건들 속에서 '혁명'이나 '반혁명'이라고 불릴 만한 것을 찾기란 어렵다.

헝가리에서도 폴란드 못지않은 경제적 변화가 이뤄졌지만 사회적 갈등은 더 적었다. 헝가리의 조직된 반대파는 1987년 말까지 매우 적었다. 1980년대 초에 노동계급의 지지를 얻고자 한 그들의 시도는 건성이었을 뿐 아니라 성공적이지도 못했다. 1987년과 1988년의 첫 번째 시위에는 고작 수천 명만 참가했고 그것도 참가자의 대부분은 학생이었다.[59]

'민주주의'를 향한 서막은 아래로부터의 압력 때문에 열린 것이 아니었다. 오히려 그것은 날로 악화하는 국제수지와 경제 위기를 보며 겁에 질린 고위층 당 지도자들 사이에 균열이 생겼기 때문이었다. 당의 소수 고위 지도자들은 1988년 봄 당대회에서 노쇠한 당 지도자 야노시 카다르를 축출하기로 공모했다. 그들은 완전한 시장 체제를 향한 경제개혁을 좀 더 강력하게 밀어붙여야 한다고 생각했다. 그들은 모두 이른바 '대처리즘' 정책을 지지했다. 또한 자신들이 이러한 조처들을 시행하는 데 필요한 지지를 획득하려면 정치 구조를 개방할 필요가 있다는 데 동의했다. 그러나 그 후 폴란드에서와 마찬가지로 정치적 지도 방향을 둘러싸고 새로운 지배 집단 안에서 격렬한 노선 대결이 벌어졌다. 그중 임레 포주거이 주변의 한 분파는 반대파와 협력해 자신들의 힘을 강화하려고 했다.

이 새로운 정치적 분위기 속에서, 과거에는 반대파 집단에 가담하려 하지 않았던 사람들이 한편으로 두려움에서 벗어나, 또 한편으로 집권당 지지자들에게 열린 사회적 출셋길을 찾아서 갑작스럽게 반대파로 몰려들었다. 반대파의 정치 집회는 갑자기 수십만 명이 모일 정도로 강력해졌다. 집권당 후보들은 일련의 보궐선거에서 패배했다. 그 후 당은 공식적으로 둘로 갈라졌다.

그러나 이처럼 충돌 없는 변화 과정에는 강력한 연속성이 존재했다. 반대파 정당인 자유민주연합의 지도자 가슈파르 터마시는 이렇게 썼다.

> 군대, 경찰, 공무원은 아직 정치적으로 중립적이지 않다. …… 경제는 명목상으로만 사유화될 것이며 똑같은 우두머리들이 경영할 것이다. 그들은 재산상의 위협을 전혀 받지 않을 것이다. ……
> 반대파 정치인들은 대부분 사이비다. 공산당에 반대한다고 가장 시끄럽게 떠들어 대는 사람들이 실은 몇 달 아니 몇 주 전에 그 당의 주요 대표자들이었다. 기독민주당의 2인자는 20년 동안 검사였던 사람이다.[60]

헝가리의 변화는 동독의 변화를 촉진했다. 취약하기 그지없는 상태에서 반대파의 지지를 고대하고 있던 헝가리 정부는, 관광객을 가장해 헝가리에 들어온 동독인들이 서방으로 넘어가는 것을 막을 수 있는 처지가 아니었다. 동독은 1961년에 베를린 장벽이 세워진 이후 처음으로 숙련 노동자의 유출을 겪기 시작했다.

갑작스럽게 드러난 동독 정부의 취약함 때문에 전에는 매우 작고 또 쉽게 억압당했던 동독의 반대파 집단들이 되살아났다. 그들은 10월 초에 드레스덴에서 수천 명이 참가한 첫 번째 시위를 개최했다. 참가자들은 "우리는 여기에 남겠다", "고르비, 고르비" 등의 구호를 외쳤다. 경찰이 이 시위를 폭력적으로 공격했고 그 때문에 다음 날에는 열두 도시에서 수천 명이 더 거리로 나섰다. 집권당의 지도부는 갑자기 고립되고 절망했다. 노쇠한 당 지도자 호네커 주위의 한 분파가 시위대에게 발포할 준비를 하기 시작했다.[61] 지도부의 다른 분파들은 이러한 선택이 매우 위험하다고 봤다. 그들은 고르바초프의 지원에 의존할 수도 없었다. 고르바초프는 자신의 정책을 공개적으로 비판하는 동독 정권을 싫어할 것이 뻔했다. 그리고 대중에 대한 무력 진압은 동독 정권이 경제적으로 점점 더 의존하게 된 서독과의 관계를 완전히 망쳐 놓을 것이 뻔했다. 보안경찰 총수인 에곤 크렌츠는 정치국 쿠데타를 일으켜 호네커를 축출하고 개혁을 약속해서 시위대를 진정시켰다. 갑자기 반대파 그룹들은 합법적으로 활동할 수 있게 됐고 당의 중간 간부들은 반대파에 대한 통제력을 확보하기 위해 시위에 참여했다. 그러나 그것이 가져다준 직접적 효과는 수많은 대중에게 처음으로, 저항하는 것이 안전하다는 느낌을 준 것이었다. 집권당은 여행의 자유를 약속하고, 자유선거를 보장하고, 옛 지도자들을 더 많이 희생시키고, 그중 가장 부패한 자들을 체포하고, 마침내 베를린 장벽을 철거하는 식의 양보를 점점 더 많이 해서만 허상뿐인 통제력을 겨우 유지할 수 있었다. 당 지도부가 반대파 그룹들이나 점점 더 독립적 태도를 취하게 된 옛 위성 정당들과 원탁회의를 시작하면서, 호네커를 축출했던 크렌츠 자신도 모드로프에 의해 축출됐다.

동독에서 일어난 변화들은 동독의 대규모 국영기업의 경영자들로 하여금 서독 기업과의 협약 체결 노력을 배가하도록 자극하기에 충분했다. 인터플룩은 비행 훈련 모의실험 장치를 개발하기 위해 루프트한자와 합작회사를 설립했다.[62] 당원이자 동독 3위의 기업인 로보트론의 사장이었던 프리드리히 보쿠르카는 드레스덴에서 콤팩트디스크를 만들기 위해 필츠 그룹과의 합작에 서명했고 소프트웨어 합작회사를 설립하기 위해 지멘스와 데이터프린트 하고도 서명했다.[63] 바르트부르크는 폴로를 만들기 위해 폭스바겐과의 합작회사에 대해 의논하고 있었다.[64] 합작을 위한 회의에서 서독 산업연맹의 의장은 "동독의 파트너에게서 서독의 시장 모델이 정말 훌륭하다"는 말을 들었다.[65]

집권당 당원이었던 기업 경영자들은 옛 위성 정당들인 기독민주연합과 국가민주당으로 옮기기 시작했고, 이 두 정당은 서독으로의 편입을 주장하기 시작했다. 한편 집권당 지도자들은 전국과 지역 수준에서 서독 정치인이나 기업인과 더 긴밀하게 접촉했다. 동독의 어떤 혁명적 사회주의자가 설명했듯이 동독 지도자들이 서독 국가와의 정치 통합에 반대한 것은 동독 경제가 서독 경제로 통합되는 것을 반대한 것이 아니었다. 그것은 단지 두 경제 간의 정치적 중개자로서 자신들의 지위를 지키기 위한 방법에 불과했다.[66] 1990년 1월 말이 되자 그들은 독일 통일에 대한 나름의 계획을 내놓고 있었다.

이 변화들은 동독의 사회체제를 운영하는 사람들의 인적 변화를 의미하는 것이 아니었다. 군대의 장교와 국가 관료의 지위에 아무런 변화가 없었던 것과 마찬가지로 기업 경영자들의 지위에도 전혀 변화가 없었다. 언론 매체도, 비록 반대파의 접근이 허용되고 기자들에게 처음으로 사회의 추악한 면을 폭로할 자유가 주어지긴 했지만, 본질적으로는 이전과 똑같은 사람들이 장악하고 있었다. 동독의 어떤 혁명적 사회주의자는 그것을 이렇게 표현했다.

> 기존의 경제 구조는 전혀 손상되지 않았다. 이 점은 공장과 경제를 담당하는 기구에서 특히 그랬다. 물론 공장에서도 변화는 있었다. 예를 들어, 통일사회당* 공장 지부들은 더는 아무런 구실

---

* SED. 동독의 집권당.

도 하지 않았다. 그러나 실질적 경영은 이전과 마찬가지 방식으로 이뤄졌기 때문에, 본질적으로는 아무런 변화가 없었다.

대중의 운동은 정치권력의 몇몇 직위만을 겨냥해 왔다. 그리고 대중의 압력으로 한 세대가 물러나고 다음 세대가 권력에 들어앉았다. 그러나 그들도 경제를 운영하는 사람들의 이익만을 추구했을 뿐이다.[67]

체코슬로바키아에서 변화의 동학은 처음에는 동독과 매우 유사했다. 다른 곳의 사건들에 자극받은 학생들이 11월 17일에 시위를 하기로 결정했다. 이곳에서는 그 전에도 항의 행진이 있었다. 예를 들면 1968년 소련의 침공을 상기시키기 위한 8월 20일 시위가 그런 경우였다. 그러나 경찰의 초동 진압 때문에 시위의 규모는 매우 작았다.[68] 서방 기자들이 목격한 바에 따르면 행인들은 대부분 시위대에 가까이 가려고 하지 않았다.[69] 그렇지만 이번에는 시위에 합법적 명분이 있었다. 집권당의 청년 조직은 50년 전 나치의 점령에 항의했던 학생 저항일을 기념하기로 결정했다. 시위는 정부나 반대파가 모두 예상한 것보다 더 큰 규모로 전개됐다. 정부는 아직 알려지지 않았던 '테러 진압 부대'를 파견해 시위대를 공격하고 구타했다.

지금 프라하에서 그 공격은 '11월 17일 학살'이라고 불린다. 사실 이때 죽은 사람은 아무도 없었고 경찰의 공격은 서방 국가들에서 '법과 질서'의 이름으로 자행되는 공격들(예를 들어 워링턴, 오그리브, 워핑 등지에서 피케팅하던 영국 노동자들에 대한 영국 정부의 공격)과 큰 차이가 없었다. 그러나 대개 10대 후반이었던 시위대가 경찰의 맹공격을 당하는 모습을 보고 나서 훨씬 더 많은 사람들이 행동에 나서게 됐다. 그 주 말에 체코슬로바키아 전역의 학생들이 동맹휴교를 시작했다. 연극영화과 학생들이 동참하기로 결정하자 배우, 감독, 극장 기술자도 가세했다. 갑자기 프라하의 모든 극장이 토론과 저항운동의 중심으로 변했다. 수십만 명이 시위에 가담했다. 즉석 선동팀이 각지의 공장과 전국의 도시와 시골로 가서 프라하 중심부에서 무슨 일이 벌어지고 있는지를 설명했다. 반대파 그룹인 시민포럼은 갑자기 대중운동으로 변모해 11월 27일에 전국에서 두 시간 파업을 성공적으로 조직함으로써 그 힘을 과시했다.

동독에서 그랬듯이 당 지도부가 대중에 대한 발포를 고려하고 있다는 소문이 나돌았다. 그러나 다시 동독에서 그랬듯이 곧 이러한 방침의 제안자들이 협상 제안자들에 의해 축출됐다. 당 지도부와 정부 각료들이 분주하게 움직이더니 반대파와 '독립파'를 포함하는 연립정부가 구성됐다. 자유선거가 약속됐고 구舊정권 자신이 정선해서 구성한 의회에서, 정치수였던 바츨라프 하벨이 대통령에 선출됐다.

어떤 의미에서는 체코슬로바키아의 사건들과 폴란드와 헝가리의 사건들 사이에는 현저한 차이가 있었다. 즉, 체코슬로바키아에서는 진정한 혁명의 요소들이 많이 발견되는 것이다. 대중이 거리로 나서서 구질서의 양보를 강제했다. 거리에는 선동이 그치지 않았다. 대학과 극장이 점거된 프라하 중심부는 1968년 5월의 파리를 방불케 했다. 시민포럼 위원회와 파업위원회들이 공장, 언론 매체, 지역에서 무수히 생겨났다. 체코슬로바키아의 노련한 마르크스주의 반대파인 블라디미르 리하는 누가 운동을 조직했느냐는 질문에 "아무도 조직하지 않았다. 모든 사람이 하고 싶은 대로 했다. 그러나 그것은 무정부 상태가 아니었다. 그것은 혁명이었다" 하고 대답했다.[70]

그러나 만약 이것이 혁명이었다면, 이는 아래로부터 강요된 부분적인 정치적 변화였다는 가장 좁은 의미에서만 그렇다. 그것은, 3일 동안의 시위가 왕의 장군들을 설득해 하나의 왕조를 다른 왕조로 교체한 프랑스의 1830년과 비슷했으며 거리 투쟁이 프로이센 왕을 설득해 의회를 약속하게 했으나 왕권을 완전히 파괴하지는 못한 베를린의 1848년과 비슷했다. 트로츠키는 생산관계가 변하지 않고 유지되는 정치혁명과 1789~1794년[프랑스 혁명]이나 1917년[러시아 혁명] 같은 사회혁명을 구별했다. 체코슬로바키아의 반란은 분명 전자의 예이지 후자의 예는 아니었다.

프라하의 난방 플랜트에서 일하는 혁명적 사회주의자 페트르 클루바르트는 공장에서 일어난 변화가 얼마나 보잘것없는지를 우리에게 전해 준다. 즉, 파업위원회가 시민포럼 위원회와 나란히 활동하거나 때로는 융합되기도 하면서 아직도 대부분의 작업장에 존재하지만, 경영진의 특권은 전혀 도전받지 않았다.[71] 심지어 StB, 즉 보안경찰과 정보국도 그대로 남아 있다. 비非공산주의자 내무장관인 리하르트 자허는 다음과 같이 말했다. "StB는 우리 대통령을 감시하고 괴롭혔다. 그들은 우리의 친구가 아니었다. 그러나 국가 안보는 보장돼야 한다."[72]

1989년 12월에 불가리아에서 일어난 변화는 동독이나 체코슬로바키아의 변화보다는 헝가리에서 일어난 사건들과 더 비슷하다. 지난 30년 동안 당을 지도해 온 지프코프가 갑자기 정치국의 경쟁자들에 의해 권좌에서 쫓겨났고 이어 그와 그의 아들이 수백만 달러의 국고를 횡령했음이 폭로됐다.[73] 수도 소피아의 거리에서는 며칠 전부터 환경문제에 대한 반대파의 시위가 열리고 있었다. 그러나 그 시위는 정치적 변화를 야기할 수 있을 만한 규모는 아닌 듯했다. 정치적 변화는 오히려 점차 급증하는 외채의 이자가 수출 소득의 절반을 잠식하는 것에 대한 두려움과 새로운 지도자들의 출세주의가 결합돼 일어났다.[74]

그러나 갑작스런 정치 위기는 반대파에게 전례 없는 활동 기회를 제공했다. 반대파는 합법적으로 조직할 수 있게 됐고 언론매체에도 어느 정도 접근할 수 있었다. 그해 말에 반대파는 "아직 전체주의적"인 국가기구가 더 폭넓은 시위를 허락하지 않는다면 총파업을 하겠다고 위협할 수 있을 만큼 힘이 커진 것을 느낄 수 있었다. 반대파는 파업 호소를 철회하는 대가로 일정한 양보를 얻어 냈다.[75]

루마니아는 정치적 변화가 군사적 충돌을 동반한 유일한 나라였다. 즉, 폭력혁명이 일어났다. 권력은 다른 어느 나라보다도 심하게 차우세스쿠라는 권력자 1인에게 집중돼 있었다. 그는 그 권력을 사용해 저항적 요소를 모두 잔인하게 짓밟았다. 그래서 1987년 12월에 브라소프에 있는 레드스타 트랙터 공장에서 파업이 일어나자 보안경찰을 보내 파업 노동자들을 쏴 죽였다. 1989년 12월 중순에 헝가리계 개신교 목사를 처형한 데 대한 저항으로 티미쇼아라 주민들이 거리로 나오자 똑같은 방법을 사용했다.

그러나 이번에는 억압이 운동을 즉시 깨뜨리지 못했다. 티미쇼아라에서 노동자들이 석유화학 공장을 폭파하겠다고 위협하자 군대는 철수할 수밖에 없었다. 소요에 대한 소문이 수도 부쿠레슈티 전역에 퍼지기 시작하자 차우세스쿠는 직접 개입하지 않을 수 없었다. 그는 자신을 지지하는 집회를 개최하기 위해 심복들을 시켜 도시 공장의 대표자들을 불러 모으게 했다. 12월 21일의 집회에 군중은 전과 마찬가지로 모이기 시작했고 차우세스쿠가 연설을 시작하자 지시받은 대로 환호했다. 그러나 몇 분 지나지 않아서 그 환호는 야유와 '티미쇼아라' 찬가로 바뀌었다. 집회를 중계하던 텔레비전 생방송은 급히 방송을 중단했다. 차우세스쿠는 연단에서 물러나면서 자신을 향한 군중의 분노를 보고는 두려움과 경악을 금하지 못했다.

텔레비전 방송을 통해 정권이 위기에 처해 있다는 것을 알게 된 수십만 명이 집회 군중에 합류하자 시위는 밤새 그치지 않고 진행됐다. 보안경찰이 거리를 장악하는 것은 불가능해 보였다.[76] 다음 날 시위 군중은 집권당의 중앙위원회 건물에 집결했다. 맨 앞줄에 섰던 사람들이 안으로 밀치고 들어가며 보안경찰의 무기를 빼앗자 그들은 놀라 도망쳤다.

차우셰스쿠와 그의 부인은 정치권력의 공식적 중심부를 대중의 손에 넘겨준 채 건물 옥상에서 헬리콥터를 타고 도피했다. 중앙위원회 건물 안에서 군중의 대표들은 권력의 공백을 어떻게 메울 것인지 토론하기 시작했다.

이 시점에 군부의 우두머리들이 움직이기 시작했다. 처음에는 차우셰스쿠를 지지했다가 보안경찰이 거리의 통제권을 놓고 시위대와 전투를 치르자 짐짓 중립을 가장했던 그들은 이제 혁명을 지지한다고 선언했다. 군대는 지난 이틀 동안 온갖 위험을 감수하며 싸웠던 사람들로부터 통제권을 인수하기 시작했다. 곧이어 구국위원회가 공식적으로 통제를 담당했다. 그것은 장군들, 옛 독재자의 동료였다가 정권 말기에 그와 사이가 틀어진 사람들, 그리고 학생과 거리 시위대에서 선출된 소수의 대표들로 구성돼 있었다.

구국위원회의 장군들은 시민 시위대에 일련의 테러 공격을 가한 바 있는 차우셰스쿠 보안경찰의 필사적 반혁명 시도를 저지하라고 휘하 군대에 명령했다. 12월 25일에 군대는 차우셰스쿠 부부가 반혁명 세력의 초점 구실을 하지 못하도록 그들을 재판한 후 처형했다. 그러나 이와 동시에 장군들은 반혁명에 대항할 수 있는 가장 강력한 힘, 즉 겨우 사흘 전에 차우셰스쿠 권력을 무너뜨린 자발적 대중 활동을 약화시키기 위한 조처도 취했다. 차우셰스쿠를 처형한 날에 구국위원회는 다음과 같은 성명서를 발표했다.

군대만이 무기를 소지할 수 있다. …… 무기와 탄약을 소지한 사람은 이유 불문하고 1200시간 이내에 반납해야 한다. 이 규정을 어기는 사람은 엄벌에 처할 것이다.

2주 뒤에 구국위원회는 학생들이 부쿠레슈티 도심에서 집회를 개최하는 것을 금지했다. 반대파 정당들은 자신들이 언론 매체를 이용할 기회가 여전히 제약돼 있다고 불평했다.

루마니아에서 일어난 일은 확실히 혁명의 고전적 특징들 가운데 많은 것을 보여 준다. 그러나 그 변화들은 여전히 정치적이었을 뿐 사회적인 것이 아니었다. 기업에 대한 통제권은 똑같은 사람들의 손에 남아 있었고 경제 전반에 영향을 미치는 결정은 차우셰스쿠와 관계가 벌어지기 전에 옛 집권당에서 지도적 구실을 했던 사람들이 내리고 있었다.

두 이론의 결함

동유럽에서 일어난 일을 파악하려는 좌파에게는, 이 나라들을 뒤흔든 위기의 규모가 컸다는 사실뿐 아니라 대부분의 동유럽 사회들이 '현존 사회주의'를 자처하다가 갑자기 서방 자본주의 방식을 공공연히 모방하는 것이 어떻게 그토록 쉬울 수 있었는지를 설명할 수 있는 이론이 필요하다.

전통적으로 좌파를 지배해 온 이론, 즉 이 사회들을 '사회주의', '탈자본주의', 또는 '퇴보한 노동자 국가'라고 부르는 이론은 그것을 설명할 수 없다. 이런 이론은 일반적으로 동유럽 경제가 무한히 확장될 수 있다고 주장했다. 유러코뮤니즘 경향을 비롯한 서구 공산당들은 그런 주장을 복음적 진리로 여겼다. 예를 들어 나는 1977년에 영국 공산당 당대회에 (기자 자격으로) 참석했던 것을 기억한다. 유러코뮤니스트와 친소련 '강경파' 공산주의자들 사이의 논쟁이 이미 고조되고 있었다. 그러나 어느 편도 동유럽 경제의 '쉼 없는 발전'과 서방의 위기를 대조하는 공식 테제에 도전하지는 않았다. 그것은 소련이 서방보다 우월한 경제체제를 발전시켰다는 믿음이었다. 바로 이 믿음 때문에 영국 유러코뮤니스트 몬티 존슨은 1920년대와 1930년대에 트로츠키가 틀렸고 스탈린이 옳았다고 썼다. 트로츠키가 "소련보다 주요 자본주의 국가에서 노동생산성이 더 빨리 성장할 가능성"을 언급했을 때, "트로츠키는 극단적 패배주의에 빠져 있었으며 …… 1935년 이후에 스탈린이 트로츠키가 틀렸고 …… 사회주의는 대체로 이미 완성됐다고 말한 것이 옳았다"[77]는 것이다.

동유럽 국가들을 '퇴보한 노동자 국가'로 설명한 트로츠키주의 견해의 가장 대중적 버전도 이와 비슷한 결론에 이르렀다. 이러한 경향을 대표하는 사람으로 가장 널리 알려진 이론가인 에르네스트 만델은 1956년에 이렇게 썼다.

> 소련은 매번의 계획에서, 그리고 수십 년에 걸쳐 과거의 발전이 미래의 가능성을 억압하는 일이 없이 다소간 균등한 경제성장 리듬을 유지하고 있다. …… 경제성장의 속도를 늦추는 자본주의 경제 발전 법칙은 모두 사라졌다.[78]

만델은 1978년에 출간한 세계공황에 관한 책 제1판에서 자신의 주장을 되풀이했다. 그는 동유럽 국가들이 달성한 성장률이 다른 무엇보다도 경기후퇴, 대규모 경제변동, 실업 등을 피할 수 있는 능력이라는 측면에서 "자본주의 시장경제를 넘어서는 …… 질적" 우월성, 즉 동유럽 경제의 "비자본주의적 성격"을 입증하는 증거라고 주장했다.[79] 만델은 "비자본주의 국가들"은 오직 세계 자본주의 위기의 결과만을 겪을 뿐이라고 덧붙였다. 그러나 그러한 논리는, 왜 이 국가들이 갑자기 지난 4년 동안 우리가 목격한 바와 같은 종류의 심각한 경제적·사회적·정치적 위기에 빠져들었는지를 설명할 수 없다.

'탈자본주의' 이론 중에는 소련 경제가 위기를 향해 나아가는 경향이 있다고 강조한 이론이 하나 있다. 트로츠키 자신이 제시한 퇴보한 노동자 국가 이론이 그것이다. 1930년대에 그는 지배 관료 집단이 10월 혁명에 따른 경제 구조 변화와 모순된다고 주장했다. 이로 말미암아 소련은 수십 년 후가 아니라 매우 가까운 장래에 파국적 위기에 도달할 것이라고 그는 봤다. 트로츠키는 "관료주의가 아무런 방해도 받지 않고 더 발전한다면, 소련은 불가피하게 경제적, 문화적 성장을 멈출 뿐 아니라 끔찍한 사회적 위기로 나아갈 것이며 전체 사회는 추락을 향해 돌진할 것이다" 하고 썼다.[80] 색트먼 등이 1939년에 발전시킨 '새로운 계급 이론'에 반대해 다음과 같이 주장하기도 했다.

> [혁명적 사회주의자들이] 겨우 몇 년, 심지어 몇 달 만에 수치스럽게 몰락할 것이 뻔한 보나파르트 과두 집단을 새로운 지배계급이라고 부른다면 스스로 우스꽝스러운 처지에 놓이게 될 것이다.[81]

그리고 다른 곳에서 또 이렇게 말한다.

세계 프롤레타리아의 수동성 때문에 전쟁이 오래 지속된다면 소

련의 내부 모순은 부르주아 보나파르트적 반혁명을 낳을 것이 틀림없다.[82]

그러한 예측은 스탈린 치하 소련의 공업화, 나치 독일에 대한 소련의 승리, 동유럽에 대한 소련의 통제권 확립 등과 맞지 않았다. 그 결과 '정설' 트로츠키주의자들은 트로츠키의 이론에 대한 트로츠키 자신의 해석을 폐기하고 공산당이 선전하는 것과 크게 다르지 않은 관점으로 동유럽 경제를 보게 됐다. 트로츠키주의자와 스탈린주의자는 둘 모두 소련 경제의 발전을, 소련이 서방보다 우월한 사회형태임을 뒷받침하는 증거로 봤다. 그들 간의 차이는 정치적 상부구조에 대한 평가를 둘러싼 것이었다.

지난 몇 년간 동유럽 국가들의 경제 위기가 얼마나 심각한지 드러나자 서방 공산당들은 자신들의 오래된 도취감을 포기하기에 이르렀다. 그리고 트로츠키 자신의 정식을 사용하려 애썼던 사람들도 이를 따라, 자신들이 지난 50년 동안 트로츠키의 이론에 정반대의 색깔을 입혔던 사실을 전혀 언급하지 않고서 그의 1930년대 정식으로 되돌아갔다. 이제 에르네스트 만델은 "관료 집단의 물질적 특권들이 경제체제의 안정적 작동(즉 재생산)에 기초를 두고 있지 않기 때문에, 즉 생산과정에서 그들이 하는 구실에 기초를 두고 있지 않기" 때문에 "경제 전체"에 "경제적 합리성"이 전혀 없다고 주장한다.[83]

그러나 과거의 도취감을 단순히 뒤집는 것으로는 동유럽 국가들에서 과거와 달리 지난 10년 동안 경제적·사회적 위기가 보편적으로 발전한 이유를 설명할 수 없다. 또 서방 자본주의가 ― 그 결함이 무엇이든 ― 경제적 합리성에 기초를 두고 있고 그래서 우월한 체제임이 틀림없다고 주장하는 사람들에 맞서 반론을 펼칠 수도 없다. 동유럽 국가들을 '탈자본주의'로 보는 견해는 모두, 동유럽 국가들이 서방 자본주의보다 열등하다는 주장을 수용하는 방향으로, 너무나 쉽게 뒤집어진다. 그래서 자신의 저서에서 고르바초프의 개혁이 성공할 것이라고 주장한 바 있는 타리크 알리조차, 소련 노동자들이 처한 조건이 몇몇 측면에서는 가장 빈곤한 '제3세계' 나라 노동자의 조건보다 더 나쁘다는 주장을 수용한다.

> 캘커타의 남성 노동자나 멕시코시티의 가판대에서 그릇을 파는 여성은 자신이 무엇을 살 것인가 하는 점에서는 …… 소련의 톨랴티그라드의 자동차 노동자나 스베르들로프스크의 철강 노동자보다 훨씬 더 큰 선택권이 있다.[84]

동유럽 국가들을 '탈자본주의'로 분석한 이론과 결합돼 있는 낙관주의가 붕괴하자, 많은 사람들이 이 사회들을 대중을 착취하지만 자본가계급은 아닌 '새로운 계급'이 운영하는 사회로 보는 이론들을 지지하게 됐다. 1930년대 말에 리치와 색트먼, 1950년대에 질라스, 지난 20년 동안에는 틱틴, 벤체와 키스, 바로, 카를로, 카갈리츠키 등 많은 사람들이 그러한 이론들을 제기했다. 이 저술가들은 모두 동유럽 국가들이 무계급 사회라는 주장에 비난을 퍼부었다. 그러나 경제적·사회적 발전의 진정한 동력이라는 문제에서는 '탈자본주의' 이론의 제안자들과 마찬가지로 성공하지 못했다.

사실상, 이 이론의 첫 버전은 탈자본주의 이론과 마찬가지로 동유럽 국가들에 경제적으로 진보적인 성격이 있다는 견해를 고수했다. 브루노 리치는, "새로운 지배계급"의 "경제강령"은 "진보적"이라고 주장했다.[85] 이 견해는 맥스 색트먼의 1940~1941년 저작에서 되풀이됐다. 그는 이렇게 썼다.

> 관료적 집산주의는 인류사의 집산주의 시기의 일부다. 우연적이고 잡종적이고 반동적인 일부지만 말이다. 관료적 집산주의 사회질서가 자본주의 사회질서와 구별되는 점은 우선 전자가 국가 소유라는 새롭고 더욱 발전한 소유 형식에 의거하고 있다는 점이다. 볼셰비키 혁명의 결과인 이러한 소유 형식이 사적 소유보다 진보적이라는 것, 즉 역사적으로 우월하다는 것은 마르크스주의에 의해 이론적으로 입증됐을 뿐 아니라 실천의 시험대에서도 입증됐다.[86]

라코프스키라는 필명으로 1970년대 중반에 저술 활동을 했던 두 헝가리인 벤체와 키스는 동유럽 국가들이 서방 자본주의보다 기술적으로 더 느리게 발전한다고 생각했다. 그러나 이 국가들에서 경제적 불균형이 발생하더라도 쉽게 극복될 수 있다고도 생각했다. 그들은 "대중이 요구하는 …… 기본 생필품은 비교적 지속적으로 충족되고" 있고 "우리의 모델에 기초할 때 소비에트형 사회의 경제성장은 필연적으로 붕괴를 겪게 된다고 볼 근거가 전혀 없다"고 주장했다.[87] 그들은 지배계급 내부에 분열 — '양극화' — 이 생기기 전에는 노동계급이 스스로 조직할 수 없으며, "체제의 일반적 구조를 놓고 볼 때 시간이 흐름에 따라 그러한 양극화의 가능성이 높아질 것이라고 볼 수 있는 어떤 발전적 경향도 추론할 수 없다"고 결론지었다.[88] 이러한 결론 때문에 벤체와 키스는 결국 마르크스주의가 동유럽의 반대파들에게 "비非마르크스주의 사회과학자들"이 제공할 수 없는 것을 제공할 가능성이 거의 없다고 주장하게 됐는데 이것은 별로 놀라운 일이 아니다.[89]

그렇지만 '새로운 계급' 이론의 최신판은 대부분 동유럽 경제가 본래 서방 자본주의보다 덜 역동적이라고 주장한다. 이것은 1940년대 중반 이래 색트먼이 취해 온 견해였다.[90] 그리고 질라스의 저작 ≪새로운 계급The New Class≫의 결론이기도 했다. 더욱 최근에는 힐렐 틱틴과 잡지 ≪크리티크Critique≫의 필자들의 글에 주로 나타나는 특징이기도 하다. 예를 들어 틱틴은 "오늘날 소련의 중심적인 경제적 특징은 거대한 낭비와 낭비 증대 경향이다" 하고 썼다.[91] 때때로 그는 소련을 "여분餘分 경제spare parts economy"

라고 묘사하기까지 했다.[92]

또 한 명의 '새로운 계급' 이론가인 푸레디는 틱틴의 분석을 거의 전적으로 받아들였다.[93] 그가 보기에 동유럽 사회의 경제조직 형태는 완전히 비합리적이었다.

> 사회의 노동시간을 통제할 어떠한 메커니즘도 존재하지 않는다.[94] ……
>
> 고립된 개인과 생산 단위는 투입과 산출을 통제할 효율적 메커니즘이 전혀 없어서 임의대로 물건을 만든다. …… 소련 사회구성체에는 노동을 사회화하거나 국민적 분업을 확립하는 내적 경향이 전혀 없다.[95]
>
> 이곳에는 기업 수준에서 기술혁신이나 역동성을 추구하는 동인動因이 전혀 존재하지 않는다.[96]

이러한 비합리성은 "관료의 행동을 규정하는 것이 바로 발전동학의 결여"임을 의미한다.[97] 푸레디가 보기에, 소련 '사회구성체'가 자본주의와 근본적으로 다른 것은 "이곳에서는 많은 노동자를 잉여 상태로 만드는 것이 정치적으로 용납될 수 없다"는 점이다.[98]

동유럽 경제가 언제나 위기에 처해 있었다고 주장하는 분석은 동유럽 경제에서는 위기가 있을 수 없다고 주장했던 분석과 마찬가지로 지난 몇 년간 이곳의 상황이 왜 갑자기 악화했는지를 거의 설명할 수 없다. 게다가 전자의 분석은 동유럽 사회가 수십 년 동안 경제성장을 경험했다는 명백한 역사적 사실을 부정한다. 그래서 푸레디는 "경기후퇴 경향은 1958년 이래로 …… 언제나 소련 체제의 지배적 특징이었다"고 주장한다.[99] 물론 때로 후퇴가 있었다. 그렇지만 CIA가 제시한 통계를 보면 소련 경제의 규모는 푸레디가 지적한 그 30년 동안 두 배 이상 커졌다![100]

국가자본주의 지배계급은 이 시기 내내 상당한 자신감을 보였다. 즉, 이들은 자신들의 통치에 대해 내부적으로 상당한 사회적 지지를 획득했고 세계 나머지 지역의 통치자들 사이에 선망과 두려움이 뒤섞인 반응을 불러일으켰다. 좀 거칠게 표현하면, 소련은 전면전에서 세계에서 두 번째로 강력한 자본주의 경제*를 물리쳤다. 스탈린그라드 전투에서 승리하고 스푸트니크호를 쏘아 올려 미국을 누른 경제를 '여분 경제'라고 부를 수는 없다.[101]

지난 몇십 년 동안 동유럽 국가들이 보여 준 역동성과 현재 그들이 겪고 있는 위기를 동시에 설명할 수 없는 이론은 동유럽 사회에 대한 적합한 이론이 될 수 없다. 그런데도 지금 비관주의적인 '새로운 계급' 이론가들이나 자신의 가장 중요한 결론을 하루아침에 뒤집어 버린 '탈자본주의' 이론가들이 인기를 누리는 이유는 그들이 갈수록 서방 언론과 동유럽 정부의 서방 자문위원들이 주장하는 정

---

* 독일을 말한다.

설, 즉 서방식 시장 자본주의가 다른 어떤 대안보다 본래 더 효율적이고 역동적인 체제라는 주장과 보조를 같이하기 때문이다.

새로운 정설

이 새로운 정설의 주장은 너무나 널리 퍼져서 이제 동방과 서방의 좌파와 우파 모두에게 일종의 '상식'처럼 됐다. 어떤 신문을 집어 들건, 동유럽에서는 "아무것도 제대로 돌아가지 않는다"거나(도대체 기자들이 모스크바 지하철로 여행하는 것과 런던 지하철로 여행하는 것을 비교해 본 적이나 있을까?), 동유럽 국가들에서는 "돈이 아무런 가치도 없다"거나(만약 그렇다면 이 나라들에서 파업을 하는 노동자들은 왜 임금 인상 요구를 내거는 것인가?), 이곳의 환경 위기는 자본주의 세계의 그 어느 곳보다도 더 심각하다는 식의 이야기(이 주장을 들으면 아마존 삼림이나 인디애나 주 게리시*의 제철소가 동유럽에 있는지 서방에 있는지 혼란스럽다)를 얼마든지 읽을 수 있다. 지성적인 기업주들의 주간지라고 자랑하는 〈이코노미스트〉는 1988년에 지난 20년 동안 소련에서 경제성장이 전혀 없었다고 주장하는 데까지 나아갔고[102] 〈가디언〉의 마틴

---

* 미국 미시간 호 남쪽에 있는 공업 도시.

워커는 고르바초프를 잘못 인용해서 "보드카와 석유 수출에서 얻은 국가 수입을 제외하면 소련 경제는 지난 20년 동안 전혀 성장하지 못했다"고 주장했다.[103]

가장 흔한 주장은 동유럽 국가들이 지난 40년 동안 개방적 시장 정책을 따랐다면 서유럽 국가들만큼 발전했으리라는 것이다. 그들이 그렇게 하지 않은 이유는 "마르크스주의 도그마" 때문(우익의 견해)이거나 "관료의 비합리성" 때문(틱틴, 푸레디와 그 밖의 사람들의 견해)이라는 것이다. 동유럽 국가들을 진지하게 분석하려면 이런 견해들과는 달리 다음과 같은 몇 가지 기초적 진실들을 고려해야만 한다.

첫째, "공산주의에 관대한" 태도를 취한 적이 별로 없는 CIA가 최근까지 소련 경제가 많은 서유럽 경제들과 비슷한 속도, 즉 1970년대 내내 연간 약 2.6퍼센트씩 성장했다고 말한다는 점을 고려해야 한다.[104] 동유럽 경제의 역사에 대한 최근의 가장 포괄적인 연구에 따르면, 1948~1968년에 동유럽 국가들 중 "가장 덜 발전한" 두 나라인 불가리아와 루마니아가 각각 연간 6퍼센트와 7퍼센트씩 성장했다. 1950~1970년에 여타의 중앙 계획 경제들은 연간 약 4.5퍼센트의 성장률을 보였다.[105] 이러한 수치는 서유럽의 성장률과 맞먹는 것이다. 서유럽에서 이 기간에 영국 경제는 평균 3퍼센트의 성장률을 기록했고 프랑스는 5퍼센트, 이탈리아는 6.5퍼센트, 서독은 7.5퍼센트의 성장률을 기록했다.[106] 베를린 장벽 건설로 젊은 숙련 노동자의 유출이 중지된 이후 15년 동안 동독 경제는 실제로 서독 경제보다 약간 더 빨리 성장했다. 즉, 서독은 3.8퍼센트 성장했지만 동독은 4.5퍼센트 성장했다.[107]

더 중요한 것은, 동유럽 경제들이 모두 '자유 시장' 자본주의였던 양차 세계대전 사이의 전간기戰間期보다 중앙 통제 경제를 시작한 후 처음 20년 동안 훨씬 더 성공적이었다는 사실이다.

> 중앙 계획을 실시한 후 처음 20년(1950~1970년) 동안 이 지역이 달성한 평균 성장률은 가장 성적이 좋았던 전간기(1925~1929년)에 기록한 최고치보다 더 높았다. 가장 발전이 더딘 두 나라도 가장 성적이 좋았던 전간기 5년 동안 가장 빨리 성장했던 두 나라 — 체코슬로바키아와 헝가리 — 만큼 빠르게 성장했다.[108]

전후 폴란드 경제의 경영 상태가 아무리 형편없었다고 해도 1948~1980년에 상당히 성장했다는 사실을 부정하기는 어렵다. 이와 대조적으로 "전간기의 폴란드는 1913년의 생산량에 도달하지 못한 듯하며 어느 정도의 성장을 이룬 알바니아의 성장률도 인구 성장률에는 훨씬 못 미쳤다."

동유럽 체제는 결코 비합리적인 경제조직 형태가 아니었다. 그것은 어느 수준까지는 대규모 경제성장을 촉진할 수 있었으나 그 후 결국 위기로 빠져들게 되는 경제조직 형태였다.

국가자본주의

동유럽 국가들의 이 모순적 발전을 해명할 수 있는 마르크스주의적 설명이 하나 있다. 그것은 국가자본주의 이론이다. 이 이론은 처음에는 스탈린이 지배하는 소련의 사회 성격을 설명하기 위해 개발됐으나[109] 나중에는 동유럽 전체의 발전을 설명하기 위해 사용됐고[110] 나아가 중국과[111] 여러 '제3세계' 나라들의 발전을 설명하기 위해서도 사용됐다.[112]

이 이론은 동유럽 국가들의 상호 연관된 두 측면에 초점을 맞춘다. 첫 번째 초점은 이 나라들의 경제 발전에서 생산수단 축적이 중심적 구실을 했다는 것이다. 동유럽 국가들에 대한 다른 이론들은 이 점을 무시하거나[113] 모든 사회형태의 공통 특징으로 당연시했다.[114] 그러나 강박적强迫的 축적은 이전의 사회형태에서는 나타나지 않았던 자본주의의 특징이다. 이전 사회들에서도 생산수단이 발전할 수 있었지만 간헐적으로 그랬을 뿐이다. 오직 자본주의에서만 축적은 — 마르크스의 말을 빌리면 — "모세와 온갖 예언자들"[의 가르침]이 됐다. 바로 이 때문에 마르크스는 자본주의 사회에서 기존 사회제도나 신념에 일어난 변화를 전前자본주의 사회와 명확히 구별했던 것이다.

부르주아지는 생산도구를 끊임없이 변혁하지 않고는, 그래서 생산관계와 나아가 사회관계 전체를 끊임없이 변혁하지 않고는 존립할 수 없다. 이와 반대로, 낡은 생산양식을 그대로 보존하는 것이 이전의 모든 산업 계급의 첫 번째 존립 조건이었다. 생산의 부단한 변혁, 온갖 사회 조건의 끊임없는 교란, 끝없는 불확실성과 동요야말로 부르주아 시대와 이전의 다른 모든 시대의 차이다. 굳고 녹슨 관계는 모두 오랫동안 신성시돼 온 관념이나 견해와 함께 해체되고, 새롭게 형성된 모든 것은 정착하기도 전에 낡은 것이 돼 버린다.[115]

마르크스는 또 자신이 생각하는 사회주의 개념은 강박적 축적과 아무 상관이 없다고 분명히 밝힌다. 강박적 축적은 소외의 가시적 표현이며, 인간이 자신의 노동 생산물에 지배당하는 것의 가시적 표현이다. 반면 사회주의는 소외의 극복이다. 그래서 그는 ≪공산당 선언≫에서 이렇게 썼다.

부르주아 사회에서 살아 있는 노동은 축적된 노동을 증식하는 수단일 뿐이다. 공산주의 사회에서 축적된 노동은 노동자의 삶을 확장하고 풍요롭게 하며 장려하는 수단일 뿐이다.[116]

동유럽 경제의 운동 메커니즘 속에 축적의 강박이 존재한다는 사실을 입증하는 것은 어렵지 않다. 다름 아닌 1929년 이래 소련 경제의 발전 과정 전체가 그것을 보여 준다. 예를 들어 소련의 경제 기자 셀류닌의 추산에 따르면 "소비가 소득의 60퍼센트를 차지하고 저축이 소득의 40퍼센트를 차지한다."[117] 그의 지적에 따르면 "그토록 높은 저축률은 본질적으로 전시戰時 수준이다." 또 그가 제시한 수치들을 보면, 어떻게 국민생산에서 소비에 들어갈 몫을 낮춰 축적률을 높였는지 알 수 있다.

소련의 연간 총생산량에서 소비재가 차지하는 비율(단위 : 퍼센트)

	1928	1940	1960	1985
비율	60.5	39	27.5	25.2

끝으로 그는 이렇게 지적한다.

생산재 제조로 이행하자 우리는 역설적 상황에 빠졌다. 발전 속도가 빨라졌고 국민소득도 빠르게 늘어났지만 국민의 생활수준은 거의 아무 변화가 없었기 때문이다. 경제는 점점 더 인간을 위해서가 아니라 경제 자체를 위해 돌아갈 뿐이었다.

마르크스는 이러한 상황을 다음과 같이 표현한 바 있다.

그[자본가 — 하먼]가 자본의 인격화인 한에서 그를 움직이는 것은 사용가치나 사용가치의 향유가 아니라 교환가치나 교환가치의 증식이다. …… 자본주의는 가치 증식을 열광적으로 추구하므로 자본가는 사람들이 생산을 위해 생산하도록 무자비하게 강요한다. …… 그래서 그의 지상명령은 '저축하라, 저축하라, 즉 잉여가치의 최대한 많은 부분을 자본으로 전환하라'가 된다. 축적을 위한 축적, 생산을 위한 생산이 그의 지상명령이 되는 것이다.[118]

동유럽 국가들의 경우에 국민생산 중 축적의 비율은, 공식 통계에 따르면, 일반적으로 25퍼센트 이상이었다.[119] 만약 공식 가격 메커니즘의 왜곡을 고려해 이 수치를 다시 계산하면 그 비율은 약 40퍼센트 정도까지 높아질 수 있을 것이다.[120] 그 같은 축적 드라이브는 사회생활 전체에 영향을 미친다. 이것은 축적의 재원을 마련하려고 생활수준이 계속 압박받는다는 것을 의미한다. 또 이것은 지배계급이 억압을 통해 피착취 계급의 독립적 조직 건설 노력을 방해하려고 애쓴다는 것을 의미한다. 이와 비슷한 축적 수준을 유지한 '서방' 자본주의 국가들(타이완, 남한)은 흔히 일당 독재 국가였다. 끝으로, 많은 사람이 주목한 '계획' 메커니즘을 설명해 주는 것도 바로 이 점이다. 동유럽 국가들은 흔히 존재하지 않는 재원을 짜내기 위해 '빡빡한' 경제계획을 수립한다. 그러나 투자한 사업 중 상당 부분이 더는 가동되지 못하는 병목현상에 빠져들어서 광범한 혼란을 겪게 된다. 이와 매우 비슷한 방식으로 서방의 고전적 '자유 시장' 자본주의는 호황기에 급속한 축적을 이루지만 이것이 지속될 수 없을 때는 갑자기 침체에 빠지게 된다.

　강요된 축적이라는 이 경험적 사실은 동유럽 경제의 또 하나의 특징, 즉 그들의 발전이 더 넓은 세계 체제의 발전과 결합돼 있다는 사실로부터 분리될 수 없다. 사람들은 동유럽 국가들이 자본주의가 아니라는 근거로 이곳 기업들 사이에 내부적 경쟁이 없다는 사실을 든다. 자본주의에 대한 마르크스의 설명에서 그 같은 경쟁은 중요하다. 경쟁 때문에 개별 기업들은 임금을 삭감하고 작업 속도를 높여 비용을 최소한으로 줄여야 한다. 경쟁 때문에 기업들은 이윤에서 최대한 많은 부분을 새로운 설비와 기술혁신에 투자하지 않을 수 없다. 20세기에 들어 자본주의의 발전은 ─ 이미 우리가 살펴본 바와 마찬가지로 ─ 내부적 경쟁을 최소한으로 축소하기 위해 국가 개입으로 나아갔다. 그러나 레닌과 부하린이 지적했듯이 그것은 개별 자본들 간의 경쟁을 종식시키기는커녕 경쟁을 더 높은 차원, 즉 국제적 차원의 경쟁으로 올려놓았다. 그리고 이 경쟁은 순수한 시장 경쟁뿐 아니라 ─ 또는 시장 경쟁 대신에 ─ 자본주의 국가들 간의 무력 충돌을 포함하면서 새로운 형태를 띠기 시작했다. 내부적 경쟁은 거의 영(零)의 수준으로 하락할 수 있었지만 외부적 경쟁이 그 자리를 대신했다.

　스탈린주의 국가들은 세계의 나머지 국가들과 단절된 적이 결코 없다. 이미 1950년대에 헝가리에서는 "국민소득의 약 5분의 1이 시장을 매개로 실현됐다."[121] 15년 후 이 나라에서는 국민소득의 상당 부분이 대외무역에 의존하게 됐다. 체코슬로바키아의 경우, 1965년에 1인당 대외무역 수준은 2758체코크라운이었다. 이것은 세계 평균인 842체코크라운보다 훨씬 높은 것이며 선진국 평균인 2750체코크라운보다도 더 높은 것이다.[122] 1965년의 또 다른 통계는 헝가리, 동독, 불가리아, 체코슬로바키아의 1인당 대외무역 수준이 이탈리아보다 높으며 프랑스보다 약간 낮다는 것을 보여 준다.[123]

그러한 대외무역 수준은 필연적으로 국내 경제 운영에 상당한 영향을 미칠 수밖에 없다. 이것은 국가와 산업을 통제하는 사람들이 국내 생산비를 다른 나라들의 평균생산비와 끊임없이 비교할 수밖에 없다는 것을 의미한다. 즉, 임금을 낮게 유지해야 하고, 노동자들의 작업 속도를 높이기 위해 지속적으로 압력을 가해야 하며, 자국의 국민경제가 세계 여타 지역 경제들의 노력에 뒤지지 않도록 투자 수준을 유지해야 하는 것이다. 달리 말하면, 비록 개별 기업은 다른 기업과 직접 경쟁하지 않을 수 있지만 국민경제 전체는 경쟁에 직접 참여하는 것이다.

그러나 동유럽 국가들의 내부적 작동에 심각한 영향을 미치는 것이 비단 해외시장 경쟁만은 아니다. 한편으로 이 국가들이 동방 블록과 서방 블록 그리고 중국 사이의 군사적 경쟁에 참여하고 있다는 사실도 그러한 영향을 미친다. 이 점은 군비 지출이 국민소득의 12퍼센트(글라스노스트 이후의 추산치)에서[124] 16퍼센트(CIA의 추산치)에 이르는[125] 소련에 가장 중요한 의미가 있다. 이 비율은 미국의 약 갑절이고 서유럽 평균의 약 네 배이며 일본의 열네 배다.

대부분의 무기는 순수한 의미의 상품이 아니다. 무기는 다른 판매자들과의 경쟁 속에서 미지未知의 구매자에게 판매되는 것이 아니라 무기 생산을 감독하는 정부의 수중으로 곧장 들어간다.[126] 그러나 무기는 시장을 위해 생산되는 상품과 한 가지 매우 중요한 공통점이 있다. 즉, 무기를 누가 소유하든 그 가치는 무기의 고유한 물질적 속성(즉, 사용가치)에 의존하는 것이 아니라 가격과 효율성 면에서 경쟁자들이 소유한 무기와 비교한 결과에 의존한다는 것이다. 이 점에서는 전쟁을 위해 탱크를 만드는 두 나라의 관계가, 서로 경쟁하면서 사고팔 자동차를 만드는 두 나라의 관계와 동일하다. 두 경우 모두에서 성공 여부는 임금을 낮추고 최대한 생산성을 높이며 기계 설비와 기술 개발 투자의 수준을 높이기 위해 이윤을 사용할 수 있느냐에 달려 있다.

바로 이것이 스탈린 치하 소련 경제에서 축적 수준이 매우 높았던 이유를 설명해 준다. 소련 관료들도 이미 알고 있었듯이, 군사적 준비 태세를 갖추기 위해 필요한 중공업 기반을 확보하는 방법은 그것뿐이었다. 이 사실은 또, 예컨대 전후의 동독·헝가리·체코슬로바키아의 산업 발전 양상과 그 나라들이 나치 전시戰時 경제의 일부였던 시기의 산업 발전 양상이 비슷한 이유도 설명해 준다. 전쟁과 전쟁 준비, 즉 군사적 경쟁 때문에 오늘날의 지배계급은 자신들의 경제에 시장 경쟁이 강요하는 자본주의 축적의 동학과 동일한 동학을 강요할 수밖에 없다. 그들은 자신들의 외관상의 '계획'경제를 상품생산의 합리성에 따라 조직하지 않을 수 없다. 특히 지배계급은 노동력을 상품으로 취급해서 노동자들이 노동에 나서도록 만드는 데 필요한 최소치 — 문화적·역사적으로 규정되는 — 만을 노동자들에게 지급해야 한다. 다른 말로 표현하면 국가자본주의 지배계급은 축적의 동기에 떠밀려 노동계급을 창출하게 되는 것이다.[127]

자본주의 발전의 한 단계인 국가자본주의

국가자본주의 이론을 사용하면 소련의 스탈린 시대와 동유럽 스탈린 체제의 초기 시대를 이해하는 것이 가능하다. 좀 더 선진적인 국가와의 군사적·경제적 경쟁에 참여하지 않을 수 없었던 경제적 후진국의 지배계급은 선진 자본주의 국가들이 산업화를 이룬 방법을 모방해 그들과 경쟁하려 했다. 영국 자본주의는 인클로저를 이용해 농민을 토지에서 몰아내고 아메리카에서 노예제도를 이용해 부를 축적하고 값싼 원료를 공급하고 아시아의 절반을 합병하고 약탈했다. 또 부랑자단속법과 구빈원의 강제 노동을 이용해 토지에서 쫓겨난 사람들이 노동력을 제공하는 임금노동자가 될 수밖에 없게 만들고, 영국 자본주의에 저항하는 사람들을 군사력과 첩보망을 이용해서 진압하고, 5~6세 이상 아동의 노동에서 이윤을 뽑아내기 위해 대중의 건강을 완전히 무시했다. 스탈린 체제의 지배계급은 이 선례를 따라 '집산화', 강제노동수용소, 파업 노동자와 시위대 총살, '기생 생활' 처벌법, 거미줄 같은 보안경찰 정보망을 사용했다. 스탈린 체제의 지배계급은 영국 자본주의가 3세기에 걸쳐 이룩한 것을 겨우 20년 만에 달성하려 했다. 스탈린 체제의 잔학성은 훨씬 더 집약적이어서 1000만~2000만 명에서 많게는 3000만 명을 죽음으로 몰아넣었다.[128]

영국의 경험을 바탕으로 엥겔스는 이렇게 예견한 바 있다.

러시아가 대규모 자본주의 산업에 정복될 마지막 나라인 한, 그리고 이와 동시에 러시아가 어느 나라보다 많은 농촌인구가 있는 나라인 한 …… 경제 혁명이 낳을 혁명적 변화는 분명히 다른 어떤 곳보다 더 깊고 더 첨예할 것이다. 50만 명이나 되는 대지주들과 약 8000만 명에 이르는 농민의 교체 과정은 산더미 같은 시체를 쌓는 …… 끔찍한 고통과 격동 없이는 달성되지 못할 것이다.[129]

물론 엥겔스는 관료 집단이 마르크스주의 문구 뒤에 자신들의 계급적 성격을 감추려 애쓰면서 강요하는 자본주의 산업화와 그로 인한 고통을 예견하지는 못했다. 이러한 발전 과정에서 겨우 25년 동안 수많은 사람이 목숨을 잃었다. 그러나 전체 인구에서 차지하는 비율로 보면, 이 시기에 희생된 사람들이 [영국] 튜더왕조 시대의 인클로저와 부랑자단속법, 250년 동안 대서양을 가로질러 이뤄진 노예무역, 플랜테이션 시스템의 잔학성, 18세기와 19세기의 클리어런시스,* 아일랜드 기근 당시 [잉글랜드로의] 곡물 수송, 영국의 식민 지배가 인도 전역에 강요한 빈곤, 중국에서 아편무역으로 희생된 사람들보다 많다고 볼 수는 없을 것이다. 영국 통치자들은 종교와 문명의 이름으로 자신들의 야만성을 정당화하려 했다. 스탈린은 사회주의의 이름으로 자신의 야만성을 정당화했다. 그러나 이들이 사용한 방법과 그 목적은 본질적으로 동일한 것이었다.

한편 경제 전체를 국가가 통제하는 경향은 스탈린주의만의 특징이 아니었다. 정도의 차이는 있지만, 이것은 제1차세계대전부터 1929~1934년 공황을 거쳐 1970년대까지 자본주의 세계 전체에서, 특히 상대적으로 취약한 나라의 경제에서 나타난 경향이었다.

자본주의가 뒤늦게 발전한 나라에서 새로운 산업을 건설하고자 하는 사람들이 기존의 자본주의 강대국들과 경쟁하려면 국가의 강제력을 사용해 가용 자원을 집중하는 것밖에 다른 도리가

---

* clearances. 18~19세기 영국에서 농민의 토지를 빼앗아 공장 노동자로 내몰기 위해 자행한 사유지 강제 퇴거. 대표적인 것이 스코틀랜드의 하일랜드 클리어런시스다.

없다. 이미 세기의 전환기에 국가는 일본이나 차르 치하 러시아 같은 곳의 대규모 산업 발전 과정에서 중심적 구실을 했다. 두 번의 세계대전과 1930년대의 위기는 선진 자본주의 나라들에서 국가와 거대 기업 사이의 대규모 융합을 초래했다. 바로 이것이 1916년에 부하린과 레닌의 제국주의 연구에서 주되게 강조된 요점이다.[130] 1930년대 말에 나치 독일에서는 산업 활동에 대한 국가 통제의 규모가 워낙 커서 오스트리아 마르크스주의 경제학자인 힐퍼딩은 자본주의가 새로운 생산양식으로 대체됐다고 주장하기에 이르렀다.[131] 그리고 심지어 서방에서 가장 '자유로운 시장'이라 할 수 있는 미국에서도 1941~1944년에는 국가가 대부분의 산업 활동을 창출하고 통제했다.[132]

1930년대와 1940년대에 가장 효율적인 생산 단위가 이렇게 커졌기 때문에 경제적 선진국에서는 한 줌밖에 안 되는 기업체들이 제품 시장을 지배했다. 그리고 이 때문에 이 기업체들을 자본주의 국가가 통제하는 단일한 구조 속으로 병합해 관세와 수입할당제를 통해 해외 경쟁자들을 배제하는 것이 경제적 상식이 됐다. 경제의 주요 부문에서 경쟁 기업들이 엄존하는 곳에서도 정부는 상당 범위의 상품 시장을 책임질 수 있는 국내 기업들을 확실히 육성하는 것을 자신의 임무로 삼았다. 모든 자본주의 국가는 자신의 철강·조선·항공·자동차 산업, 심지어 가구 산업과 대형 가전제품 산업도 가지려 했다. 국가자본주의는 이런 것을 목표로 삼을 수 있게 된 생산력 발전 단계에 상응한다.

이러한 경향은 토착 산업의 발전이 가장 취약한 나라에서 가장 두드러지게 나타났다. 1930년대와 1940년대에 무솔리니의 이탈리아(이 나라에서는 최대 복합기업 두 개가 국가 소유였다), 페론의 아르헨티나, 바르가스의 브라질, 네루의 인도(이 나라에서는 이미 독립 전에 주요 재벌들이 소련의 사례를 본떠 5개년 경제계획에 동의했다), 장제스와 마오쩌둥 치하 중국의 경제 발전에서 국가가 전면에 나섰다. 그로부터 몇 년 뒤에는 나세르의 이집트, 이라크와 시리아의 경쟁적 바트당 정권들, 부메디엔의 알제리, 버마의 군사정권 등 다양한 나라에서 그랬다.

이러한 경향이 나타난 이유는 단순하다. 이 시기의 자본주의에서는 국가 개입을 통해서만 산업 발전의 기초를 닦는 것이 가능했고 그 밖의 방법으로는 불가능했기 때문이다. '제3세계'의 경제적 성공담은 시장에 모든 것을 맡긴 나라에서가 아니라 국가 개입이 강력한 나라들에서 나오고 있었다. 케인스주의자, 사회민주주의자, 스탈린주의자들이 모두 국가 개입을 당연한 것으로 생각한 것은 바로 이런 사정 때문이었다.

그러나 그중 어느 경우에도 '하나의 생산양식'에서 다른 생산양식으로의 이행 같은 것은 없었다. 이 모든 경우에 기존 국가기구의 지배자들은 외부의 압력 속에서 축적을 지속하기 위해 산업을 재조직하고 내부 경쟁을 최소한으로 줄이는 데 국가기구를 사용했다. 물론 그렇다고 해서 이러한 변화에 어떠한 반대도 없었다는 뜻은 아니다. 변화에 저항하는 낡은 '사적' 자본가 세력들에 대해서는 각종 강제 조처가 동원됐다. 그러나 이것은 대중을 유혈 낭자한 사회혁명으로 동원하지 않고도 가능했고 실제로 어떤 경우에는 대중 동원이 전혀 없었다.

동유럽 국가자본주의의 기원

제2차세계대전 이전과 전쟁 기간에 동유럽은 낡은 국가 구조가 조금씩 국가자본주의적 조처들에 의존하는 사례들을 뚜렷하게 보여 준다.

1929~1934년의 세계공황은 모든 곳을 황폐화했다. 체코슬로바키아를 제외한 모든 동유럽 국가들은 곡물과 원료 수출에 의존하고 있었다. 이 수출에서 얻을 수 있는 소득이 세계공황 때문에 30~50퍼센트 감소했고[133] 농경에 의존하고 있던 대다수 인구가 비참한 빈곤 속으로 빠져들었다. 그 결과 계급들 사이에, 그리고 여러 인종 집단 사이에 첨예한 적대 관계가 형성됐고 우익 독재 정부가 등장했다. 심지어 가장 발전한 나라인 체코슬로바키아에서도 1929~1933년에 국민총생산이 14퍼센트 감소하자 독일어를 사용하는 소수민족의 상당수가 높은 수준의 실업 때문에 나치 독

일의 도움을 기대하게 됐다. 대중의 궁핍화는 이 나라의 동쪽 절반을 차지하는 슬로바키아어 사용 주민들에게도 영향을 미쳐 이들 사이에 반反체코 민족주의의 불길을 지폈다.

전쟁 이전의 동유럽 정부들이 그러한 긴장을 통제할 수 있는 방법은 한 가지뿐이었다. 그것은 이전의 '자유'경제 정책을 버리는 것이었다. 이미 1929년 이전에 동유럽 국가들은 "서방 국가들이 전혀 또는 거의 사용하지 않는 통제들"을 가동했다.[134] 1930년대의 공황 때문에, 대외무역을 통제하고, 다른 국가들(특히, 대외무역의 국가 독점을 단행한 나치 독일)과의 쌍무적雙務的 거래를 직접 조직하며, 수입의 규모를 크게 줄이고, 각기 다른 거래에 서로 다른 환율을 적용하며, 쇠약해진 은행과 산업체들을 장악하기 위해 국가들이 차례차례 직접 개입하기에 이르렀다. 그래서 폴란드의 우익 군사정부는 가장 큰 철강 회사의 파산을 막기 위해 국유화 조치를 취했다. 또한 폴란드는 소련 외부에서 장기 투자 계획을 시행한 첫 번째 나라였다.[135]

제2차세계대전은 국가가 경제를 통제하는 경향을 크게 강화했다. 첫째, 동유럽 경제들은 생산량 수준, 가격, 원료 배당, 임금을 직접 통제한 독일 전시경제에 직간접으로 병합됐다. 둘째, '독일화'와 반反유대주의 조처들은 옛 토착 자본가계급 상당 부분의 경제 기반을 파괴했다. 셋째, 전쟁은 각 나라의 경제 발전을 완전히 왜곡했다. 생활수준과 기본적 투자를 희생시키면서 엄청난 자원이 독일의 군사 기구로 이전됐다. 동독, 헝가리, 그리고 체코슬로바키아의 체코 지역에서는 토착 주민들의 필요와 상관없이 중공업이 점점 빠르게 발전했다. 치열한 전투가 벌어진 폴란드, 헝가리, 동독, 루마니아에서는 전쟁으로 나라 전체가 완전히 황폐해졌다. 그래서 1947년 헝가리의 생산량은 1937년 수준보다 27퍼센트가 낮았고 루마니아에서는 20~40퍼센트 정도가 낮았으며 불가리아에서는 16퍼센트가 낮았고 체코슬로바키아에서는 17퍼센트가 낮았다. 폴란드에서는 생산고 하락이 22퍼센트에 이르러 1913년 수준보다도 낮아졌다.[136]

대부분의 나라에서 경제적 곤경은 승전국勝戰國의 정책으로 더욱 악화했다. 옛 지배자들이 히틀러를 지지했던 나라들(동독, 루마니아, 헝가리)은 배상금을 (주로 소련에) 지급하도록 강요당했다. 동독에서는 지급해야 할 배상금의 규모가 전쟁으로 파괴된 자원의 양과 거의 맞먹었다. 전국에서 가장 큰 공장이었던, 할레 근처의 로이나 공장은 전체 설비의 3분의 1이 전쟁으로 파괴됐고 또 3분의 1이 소련 점령군에 의해 소련으로 실려 갔다. 게다가 1950년대 초에 "배상금 외에 소련이 요구한 우라늄 광산과 점령 비용은 요소비용으로 계산해서 순국민생산의 5분의 1 이상이었다."[137]

끝으로 동독의 경우에는 승전국들이 강제로 설정한 국경 때문에 상당한 경제적 손실을 입었다. 슐레지엔이 폴란드로 넘어가고 서독이 분리돼서 동독의 산업은 전통적 연료원인 무연탄과 단절

됐다. 오늘날 이 나라의 발전소들이 공해를 심하게 낳는 갈탄을 때는 이유는 바로 이 때문이다.

전후에 동유럽을 통제하게 된 사람들은 전쟁 전의 서유럽보다 훨씬 후진적인 나라를 운영하고 있었고 전쟁과 그 여파로 더 심한 피해를 입었다. 그러나 일련의 사태로 말미암아 국가가 생산조직을 지도할 권한을 확보했고 사적 자본주의 기업체들의 방해도 거의 없었다. 모든 정당의 지도자들(스탈린주의자들뿐 아니라 부르주아지와 사회민주주의자들도)은 경제를 전진시킬 방법은 국가권력을 사용하는 것뿐이라는 사실을 당연하게 여겼다.

체코슬로바키아에서는 1948년 2월의 스탈린주의화 이전에 이미 산업의 80퍼센트가 국가 수중에 있었는데, 1947~1948년의 계획위원회는 "모든 정당의 당원들로 구성됐고 의장은 전에 사기업이었던 거대 무기 회사 즈브로요프카 출신이었다!"[138] 폴란드와 헝가리에서는 공산주의자들뿐 아니라 사회민주주의자들도 경제계획에 참여했다. 그 결과 나치가 지도하던 전시 명령 경제가 종종 '인민민주주의공화국'의 '계획경제'로 곧장 나아갔다. "1939~1945년에 가격·수량 통제로 억압됐던 많은 시장 관계는 결코 다시 나타나지 못했다."[139] 사회민주주의자였다가 공산주의로 전향해 폴란드의 계획 수립에 참여했던 오스카르 랑게는 나중에 이렇게 인정했다.

초超경제적 강제를 널리 사용하는 고도로 집중된 행정적 계획 방

법이나 경영 방법은 사회주의의 특징이 아니라 전시경제의 고유한 기법이다.[140]

공산당 지도자들은 냉전의 발발과 코민포름(집권 공산당들의 행동을 조정하기 위해 스탈린이 만든 조직)의 구성 이후 명령 경제의 가장 단호한 지지자들이 됐다. 1947년 중반 이후로 그들은 사회민주당이나 부르주아 정당들이 했던 것보다 축적률을 훨씬 더 높이기 위해 노력했다.[141] 이것 역시 어떤 비합리적 이데올로기의 산물이 아니었다. 오히려 이것은 소련 블록 전체의 산업적·군사적 잠재력을 구축하기 위한 그들의 노력의 소산이었다. 공산당 지도자들의 방식에 반대한 사람들이 그들 나름의 일관된 대안적 견해를 발전시킬 수 없었다는 것은 의미심장하다. 그래서 1948년 2월에 체코슬로바키아에서는 소련 군대가 전혀 주둔하고 있지 않았는데도 부르주아 정당과 사회민주주의 정당이 공산당 쿠데타에 어떤 실질적 저항도 할 수 없었던 것이다. 국경 수비대를 프라하로 집결시키고, 공산당 지지자들을 도심에서 행진시키고, 한 시간 총파업을 조직한 것 — 이것은 1989년 11월에 일당 통치를 붕괴시킨 것보다 더 낮은 수준의 동원이었다 — 만으로도 공산당은 부르주아 정당과 사회민주주의 정당을 충분히 붕괴시킬 수 있었다. 체코슬로바키아 부르주아지는 다른 대안이 없었으므로 대통령 베네시는 공산당 지도자들이 요구한 변화들에 동의했고, 국가 창설자의 아들인 마사리크는 장관 직에 남아 있었다(그는 이후 곧 죽었는데 아마 살해된 듯하다).

이러한 관점에서 보면 동유럽에서 일어난 일들은 그 밖의 지역에서 일어난 일과 질적으로 다른 것이 아니라 일반적 경향이 양적으로 극대화한 것이었다. 그래서 전전戰前과 전시의 경제조직에서 이행하기가 용이했으며, 따라서 우리가 보고 있는 이행도 역시 용이한 것이다.

자본주의의 모순들

한 사회를 자본주의로 분석하려면 그 사회의 지배자들이 나머지 사람들을 착취하고 야만적으로 다루는 방식을 지적하는 것만으로는 충분치 않다. 왜냐하면 그러한 행동은 모든 계급사회에서 나타나는 일반적 현상이기 때문이다. 그래서 한 사회가 자본주의라고 말하려면 그 사회의 지배계급이 온갖 대가를 치르더라도 축적을 하지 않을 수 없고 그 결과 스스로 지배 기반을 침식하는 것을 피할 수 없다는 점을 동시에 지적해야 한다. 이것은 분명 동유럽 지배계급에게도 해당되는 것이다. 그들도 축적이 낳은 일련의 부정적 결과를 피할 수 없었다.

(1) **무덤 파는 사람들.** 스탈린주의 체제는 필연적으로 관료 지

배에 도전할 수 있는 사회 세력을 창출하기 시작했다. 스탈린은 1928~1929년에 노동인구의 80퍼센트가 농민인 소련에서 절대 권력을 장악했다. 1·2차 5개년 계획으로 말미암아 제2차세계대전이 발발했을 때는 농민 비율이 60퍼센트로 줄어들었다. 이 과정은 전쟁이 끝난 후에 재개됐다. 1953년에 스탈린이 죽었을 때는 소련 인구의 거의 절반이 도시에 살고 있었고, 1985년에 이르면 인구의 3분의 2가 도시에 살고 겨우 3분의 1만이 농촌에 살았으며 오직 8분의 1만이 '집단적 농부들'(농민의 후예들)로 분류됐다.[142] 전쟁 전의 동유럽 국가들에서 노동인구의 65퍼센트는 농업에 종사하고 있었고 오직 14퍼센트만이 노동자였다. 1980년에는 60퍼센트가 임금 소득자였다.[143]

스탈린 자신이 집산화 캠페인 시기에 그랬듯이, 집권 초기에 스탈린주의 정권들도 농촌 주민들을 복종시키는 것 — 필요하다면 무력을 사용해서 — 이 비교적 쉽다는 것을 발견했다. 이와 동시에 강제적 산업화의 첫 번째 효과는 정권에 대항할 수 있는 노동계급의 능력 약화였다. 기존 노동자들 가운데 의미 있는 소수는 경영자나 관료가 돼서 자신의 계급을 벗어나 상향 이동을 할 수 있었다. 1960년대의 수치를 보면 체코슬로바키아에서 노동계급 가족으로 태어난 인구의 29퍼센트가 비육체 직업으로 상향했고 헝가리와 폴란드에서는 17퍼센트가 그렇게 됐다.[144] 그러지 못하고 여전히 노동자로 남아 있던 기존 노동자들은 농민의 도시 유입으로 자신들의 집단행동 전통이 희석되고 있다는 것을 발견했다. 사회학자 지그문트 바우만이 폴란드의 사례에서 주목하듯이,

> 전쟁 전에 비교적 소수였던 산업 노동자들은 [사회적] 이동 기회에도 불구하고 여전히 노동자로 남아 있는데 …… 그들의 생활수준은 거의 꾸준히 악화했다. …… 그러나 그들은 엄청나게 많은 농민 이주자들 속으로 용해됐는데 이 농민 이주자들에게는 새로운 생활 조건이 전보다 더 나은 것이었다.[145]

그러나 자본축적이 진척되면서 사정이 바뀌기 시작했다. 농업에 종사하는 인구의 비율이 감소하자 필연적으로 시골에서 도시로 들어오는 사람의 수도 감소했다. 또 노동자가 화이트칼라나 관료 직위로 상향 이동할 기회도 줄어들었다.[146]

날이 갈수록 노동자들 가운데 점점 더 많은 부분이 노동자의 자식들로 채워졌고, 그들은 평생 동안 어떠한 사회적 이동도 경험하지 못했다. 1960년대 말 스베르들로프스크의 목재 산업을 연구한 결과를 보면, 20대 초반 노동자의 60퍼센트가 노동계급 출신이었던 반면, 46세 이상 노동자의 경우는 40퍼센트만이 노동계급 출신이었다. 쿠즈바스의 탄광 회사에 대한 연구에 따르면, 20대 초반 노동자의 80퍼센트가 노동계급 출신이었던 반면, 46세 이상 노동자의 오직 4분의 1만이 노동계급 출신이었다.[147]

노동자들에게 요구되는 문화적 수준도 자본축적이 진행되면서 변했다. 1930년대와 1940년대에는 노골적 협박과 처벌로도 공장, 탄광, 건설 현장에서 일하는 탈농민 대중이 기본적 산업화에 필요한 미숙련·반숙련 과제들을 수행하게 할 수 있었다. 스탈린이 죽은 1953년에 이미 사정은 바뀌고 있었다. 노동자들에게는 더욱 높은 평균적 기술 수준과 더 많은 창의성이 요구됐다. 1965년에는 미숙련노동이 산업 노동자의 40퍼센트, 건축 노동자의 60퍼센트를 차지했다. 1979년이 되자 이 비율은 각각 33퍼센트와 40퍼센트로 하락했다.[148]

대다수 노동자들에게 적어도 약간의 중등교육을 시키지 않고는, 그리고 또 중요한 소수에게 그 이상의 교육을 시키지 않고는 그러한 숙련노동을 확보할 수 없었다. 그래서 고리키 지역에서 중등교육을 전혀 받지 않은 노동자의 수는 1965년에 87퍼센트였다가 1979년에는 53퍼센트로 하락했고 그중 20퍼센트만이 30세 이하였다. 카마의 공업단지에서 일하는 청년 노동자의 3분의 2는 "자신들의 교육 수준이 작업에 필요한 것보다 더 높다고 느꼈다."[149] 초창기의 농민 이주자들과 비교할 때 이 노동자들은 경영자들의 협박에 시달릴 가능성이 훨씬 더 낮았다. 1983년에 〈프라우다〉의 어떤 논평가가 지적했듯이,

세바스토폴 지역의 많은 기업들은 자기네 회사의 일자리를 고집

스럽게도 도시 거주자가 아닌 농촌 출신으로 계속 채워 나갔다. 그 때문에 기숙사를 짓거나 개인 아파트를 짓는 등 대가를 '치러야' 했는데도 말이다. 그러나 공장 경영자들은 자신들이 이득을 본다고 주장하는데, 그 이유는 이 노동자들이 더 열심히 일하며 그중 많은 사람들이 공장에 기숙할 뿐 아니라 직업을 바꾸는 일도 적다는 것이다.[150]

(2) 낡은 착취 형태의 퇴화. 착취가 더욱더 진행되면 될수록 낡은 착취 방법들은 그만큼 더 비효율적이게 된다. 스탈린주의적 산업화의 첫 번째 국면에서는 가장 원시적인 방법을 사용해 미숙련 농민 이주자들이 일을 하도록 강요할 수 있었다. 노동생산성이 낮은 것은 그다지 중요하지 않았다. 수백만 명이 공장에 취업하기 위해 농촌을 떠나고 있었고 그들의 노동을 이용해 아무것도 없는 곳에 공장을 짓고 가동할 수 있었기 때문이다. 대규모 산업화는 '조방적粗放的' 기초 위에서 가능했다.

그러나 결국 낡은 노동 예비군과 원료는 바닥나기 시작했다. 그 이상의 산업 발전은 '집약적集約的' 발전을 통해야만 했다. 즉, 노동과 원료를 더 효율적으로 사용하려면 기존의 산업을 재건하고 재조직해야 했다. 이것은 노동자들이 스스로 더 큰 책임 의식과 창의성을 보이느냐에 달려 있었다. 노동자들이 노동에 전념하도록 만들기 위해서는 그들에게 더 나은 음식물과 더 많은 휴가

를 제공하고, 소비재를 더 많이 공급해야 했다.[151]

이것은 국민소득의 상당 부분을 축적으로 돌려서 선진 경제 대국들을 따라잡으려는 노력과 모순됐다. 달걀이 먼저인지 닭이 먼저인지를 다투는 상황이 빈발했다. 노동자들의 소비수준이 상승하면, 시간이 갈수록 생산성도 오를 것이다. 그러나 그 사이에는 축적을 줄이고 경쟁국들보다 성장 속도를 늦춰서 생활수준을 향상시키는 것 말고 달리 방법이 없다. 그래서 소련과 동유럽의 역사를 보면 생산수단 생산을 좀 더 늘리려고 소비재 생산을 희생시킨 뒤에는 다시 생산수단보다 소비재 생산을 늘리겠다는 약속이 되풀이되는 것이다. 예를 들면, 흐루쇼프와 브레즈네프 치하의 소련이나 고무우카(1956~1970)와 기에레크(1970~1980) 치하의 폴란드가 그런 경우였다.

지난날 소비를 생산에 종속시킨 것 때문에 상황은 더욱 악화했다. 스탈린 치하 소련에서는 농업 '집산화'로 농업 총생산량이 하락했다. 게다가 농촌의 사회 기반 시설(도로, 철도, 식량 창고)에 대한 투자도 너무 적었다. 스탈린은 이 중 어느 것에 대해서도 걱정하지 않았다. 왜냐하면 집산화로 두 가지 목표를 달성했기 때문이다. 즉, 수백만 명의 농민이 임금노동자로서의 일거리를 찾아 도시로 몰려들었고,[152] 국가는 줄어든 수확량의 상당 부분을 가져가 새로운 산업의 노동자들에게 최소한의 생계를 제공할 수 있었다.

이러한 정책 때문에 스탈린의 후계자들은 모두 해결하기 어려운 문제들에 부딪혔다. 상당액을 비료와 농기구에 투자하고 농업 노동자의 임금을 도시 노동자의 임금 수준으로 끌어올렸지만, 기대한 것만큼의 생산적 효과는 없었다. 수송과 저장 설비가 취약해서 농작물의 상당 부분이 불필요하게 훼손됐다. 그리고 농촌인구는 평균적으로 너무 늙고 미숙련 상태여서 생활수준 상승이라는 '유인誘引'에 반응조차 할 수 없었다. 대대로 젊은이들은 시장성 있는 기술(예컨대 화물차 운전이나 기계 수리 같은 것)을 조금만 배워도 도시로 빠져나갔다. 그들은 이런 방식으로 시골의 열악한 생활수준에 대응했다.

생활수준이 상승한 것만은 분명하다. 그러나 서방 선진국 수준만큼 생산성을 향상시키기에 충분한 정도는 아니었다. 생산성이 만족할 만큼 빨리 상승하지 않을 때, 경제를 운영하는 사람들이 스스로 설정한 높은 축적 목표를 달성하기 위해 취하는 방법은 소비재 생산 공장을 생산수단 생산 공장으로 전환하는 것뿐이다. 그러나 이것은 경영자들이 임금으로 지급하는 가치의 총액이 생산된 소비재와 식량의 총가치를 초과한다는 것을 의미한다. 이렇게 되면 기본적 소비재가 부족하게 되고 가격이 상승하는 경향이 나타나게 된다.

초기에 동유럽 국가자본주의는 서방 경제보다 더 빠르게 성장했지만 이제는 서방 경제와 같은 속도로(또는 심지어 더 느리게) 성장하기 시작하며 다양한 소비재를 공급하는 데 심각한 위기를 겪기 시작한다.

(3) 자본의 유기적 구성의 상승. 국가자본주의는 모든 자본주의가 겪는 고전적 문제에 직면한다. 즉, 축적 과정에서 노동력보다 총투자가 더 빨리 증가함에 따라 투자 대비 평균이윤이 하락하는 경향을 보이는 것이다.[153] 러시아에서 투자한 루블당 산업 생산량의 연평균 증가율은 1951~1955년에 6.4퍼센트, 1956~1960년에 5.1퍼센트, 1961~1965년에 4.7퍼센트로 감소했다.[154] 이러한 경향은 브레즈네프 시대 내내 계속됐다. 1985년에 국민생산 대비 투자율은 최소한 1965년만큼 높았다. 그러나 산업 성장률은 50~60퍼센트 감소했다.[155]

(4) 사회적 생산과 국민국가의 전유專有.[156] 끝으로, 각국이 세계 체제 발전 과정의 한 단계에서 직면한 문제의 해결책이 국가자본주의라고 여기게 만든 요인 — 생산력의 지속적 성장 — 이 나중의 단계에서는 국가자본주의를 경제적 효율성의 장애 요인처럼 보이게 만든다. 40~50년 동안 꾸준히 발전한 생산력은 생산을 조직하는 방식과 충돌하기 시작했다.

서방에서 가장 성공한 기업들은 판매뿐 아니라 생산도 국제적으로 조직하기 시작한 기업들이었다. 다국적 자본주의가 체제의 전위로서 국가자본주의를 대체하기 시작했다. 모든 상품의 국내 시장을 자국 기업들의 손에 맡기려 했던 각국 지배계급은 자국 기업들이 세계 체제의 가장 선진적인 기업들을 따라잡는 데 필요한 수준의 자원을 동원할 수 없다는 것을 깨닫기 시작했다. 협소한 국경에 의해 제한됐던 생산은 갈수록 비효율적인 것이 됐고 기술적으로 낙후하게 됐다.

심지어 세계에서 가장 큰 경제인 미국 경제도 마찬가지였다. 1948년에 미국의 총대외무역은 나라 전체 생산량의 12.8퍼센트에 불과했고 1965년에도 13.7퍼센트에 불과했다. 그러나 1979년이 되자 이 수치는 31.7퍼센트로 상승했다.[157] 30~40년 동안 모든 주요 산업 분야에서 경쟁은 거의 존재하지 않았다. 주요 기업들은 자기들끼리의 시장 분할을 당연하게 여겼고 이윤이 굴러 들어오는 한 기술 개발을 소홀히 했다.[158] 1970년대와 1980년대에 외국 기업, 특히 일본 기업들이 철강, 자동차, 전자 같은 핵심 분야에서 미국 기업들에 도전하기 시작하면서 갑자기 사정이 바뀌기 시작했다.

미국 자본주의의 경우는 이 과정에 또 다른 측면이 있다. 즉, 미국의 거대 기업들 중 일부는 본국에서 시장 지분을 상실했지만 그와 동시에 다른 나라 자본주의 내부에서 지배적 생산자 구실을 유지하거나 확대할 수 있었다. 보잉은 세계 민간항공의 80퍼센트 이상을 생산한다. 지난 20년 동안 포드와 제너럴모터스는 자신들의 유럽 자회사를 완전히 통제했고 현지 기업들을 인수했으며 여러 대륙에 널려 있던 사업들을 통합했다. 이들은 대부분의 유럽 기업들보다 더 좋은 입지를 굳혀 놓고 있다. 서방 자본주의 국가

가운데 가장 작고 약한 나라 중 하나인 아일랜드조차 유럽과 북미를 가로질러 자신들의 활동 공간을 개척하는 데 성공한 다국적 기업을 몇 개 갖고 있다.

국가자본주의에서 다국적 자본주의로 이행한다고 해서 '국민' 기업들을 뒷받침하는 국민국가의 경제적 구실이 사라지는 것은 아니다. 보잉이 세계 민간항공 산업을 지배할 수 있는 이유는 이 회사가 미군 군수 계약의 뒷받침을 받기 때문이다. 포드와 제너럴모터스는 일본 기업들이 '국내시장'을 완전히 인수하지 못하도록 막는 데 미국 국가를 이용했다. 그러면서도 자신들의 다국적 경영을 확장해 일본 기업들과 얼마간의 거래를 하고 있다. 민영화된 브리티시에어로스페이스는 다국적 경영을 점차 확장하는 한편, 기업 활동의 80퍼센트 정도를 영국 정부의 주문과 영향력에 의존하고 있다. 최근 급속히 성장하는 고수익 사업인 전기통신 분야에서 기업이 다국적 연결망을 구축할 수 있는 능력은 자국의 전화 체계를 재설비하는 수주受注 과정에서 정부의 지원을 얼마나 획득할 수 있는지에 달려 있다.

세계 자본주의는 이제 국가자본주의 단계를 넘어섰다. 그러나 국가자본주의를 대체한 자본주의를 마치 국가의 구실이 사라졌다는 듯이 '사적 자본주의'나 심지어 '시장 자본주의'라고 부른다면 잘못일 것이다. 지금 존재하는 것은 국가자본주의와 다국적 자본주의의 결합이다. 나는 이것을 간단히 '다국적 자본주의'라고 부를 것이다. 그러나 이 다국적 자본주의의 요소들은 일국적 국가자본주의의 기반에서 발전한 것들이며 결코 그것과 완전히 단절할 수 없다.[159]

그렇지만 이 새로운 단계는 일국 내에서 자기 완결적인 옛 국가자본주의가 번성할 수 있었던 조건들을 파괴한다. 이것은 새로운 국가자본주의를 창출하려는 시도가 있었던 20여 년 전부터 이미 분명했다. 중국과 쿠바는 소련에서 스탈린주의자들이 개척한 길을 그대로 모방할 수 없다는 것을 깨달았다. 이때부터 격렬한 내부 갈등이 생겨나 중국에서는 1958년 대약진 운동과 1966년 문화혁명이 일어났고,[160] 쿠바에서는 1966년에 체 게바라가 정부를 떠났다.[161]

오늘날 가난한 나라의 지배계급이 제한된 자원을 가지고 기존의 산업 강국들이 장악한 산업 분야에서 자신의 영역을 개척하는 데는 엄청난 비용이 든다. 이 점은 중국이 수소폭탄을 생산하기 위해, 추산컨대, 자국의 총 전력 생산량의 4분의 1에서 2분의 1을 사용해야 했다는 사실에서 극명하게 드러난다.[162] 실질적으로 "세계시장으로 진입하는 데 드는 최소 비용은 날이 갈수록 늘고 있다. 후진국에서 이러한 진입 비용을 충당할 수 있는 자원은 존재하지 않는다."[163] 그 결과,

소련식 국가자본주의 발전이 후진국에서도 실행 가능하다고 생

각할 수 있었던 시대가 끝났다. …… 그 시대에는 자급자족적 산업화를 통한 유혈 낭자하고 불안정한 강행군을 제한된 의미에서 진보라고 생각할 수 있었다.[164]

이러한 관점에서 일국적 국가자본주의 발전의 꿈을 실현하려 했던 지배자들은 자신들이 결국 국가적 위기, 심지어 붕괴에 이르게 될 정책을 시작했다는 사실을 깨달았다. 앙골라와 모잠비크에서 포르투갈 식민지 체제가 무너진 뒤에 들어선 정권들은 이러한 사실을 깨닫고는 서방 강대국들 편으로 쓰라린 후퇴를 할 수밖에 없었다. 베트남 정권은 이러한 후퇴를 달게 받아들이려 했으나 미국의 완고한 반대에 부딪혔다. 캄보디아의 크메르루주 정권은 옛날식 '개발계획'을 강행하려 했지만, 스탈린 체제가 자행한 온갖 야만을 답습하면서도 소련과 달리 경제성장을 이루지는 못했다.

이것이 '제3세계' 경제 발전의 종말을 의미하는 것은 아닐 것이다.[165] 그러나 이제부터 '발전'은 세계시장의 한두 부문에 침투할 목적으로 흔히 기존 다국적 자본과 협력하며 매우 협소한 범위의 산업에 자원을 집중하는 국가자본주의에만 가능해졌다. '태평양 연안'의 상대적으로 작은 국가들 일부가 그런 식으로 성공했다. 그러나 이 길을 따르려 했던 많은 나라들은 낙오했다. 인도와 마오쩌둥 이후의 중국 같은 나라들에서는 몇몇 부문과 지역은 상당히 발전했으나 그 밖의 부문과 지역은 정체했고 이 때문에 심각한 사회적 긴장이 뒤따랐다. 남한 같은 극소수 나라에서만 앞선 부문이 경제의 여타 부문을 앞으로 끌고 나갈 수 있었다.

국가자본주의의 위기

한동안은 기존 국가자본주의들의 미래가 그들을 본뜨려고 애쓰는 후발 주자들보다 더 밝은 듯했다. 대중이 공포정치와 노예수용소, 스탈린주의 제1차 국가자본주의 축적 시기의 소비수준 강제 하락 등에 반발하면서 1953~1956년에 일련의 격동이 동유럽 블록 전체를 휩쓸었다. 소련에서는 거대한 노예수용소에서 파업이 일어났다. 1953년에 동독과 체코슬로바키아의 플젠에서 일어난 파업들과 폴란드의 포즈난에서 일어난 파업들은 경찰이나 군대와의 격렬한 충돌로 귀결됐다. 헝가리에서는 자생적 폭동이 구정권을 권좌에서 몰아냈고 소련 군대의 대대적 탄압으로 겨우 진압됐다.

그러나 동유럽의 지도자들과 소련의 흐루쇼프는 억압과 개혁을 함께 사용해서 그 반란들을 봉쇄할 수 있었다. 제1차 축적기에 창출된 충분한 경제적 비축분 덕분에 인민대중에게 양보할 수 있었고, 축적을 위한 과거의 총동원 방식을 완화할 수 있었다. 1950년대 말이 되자 모든 정권은 안정을 되찾았고 서방 경쟁자들과 비슷한 경제성장률 수준을 달성하고 있었다.

1960년대 중반이 되자 새롭게 위기의 징후들이 다시 나타나기 시작했다. 소련 내에서 개혁을 달성코자 한 흐루쇼프의 다양한 시도는 소련을 세계 2위의 강대국으로 유지하고 미국을 '따라잡을' 수 있는 수준으로 성장률을 끌어올리지 못했다. 1964년에 다양한 관료 집단의 지도자들이 힘을 합쳐 흐루쇼프를 축출했다. 체코슬로바키아에서는 경제성장률이 느려지다가 1962~1963년의 경기 침체로 이어졌다. 여러 관료 집단의 내부 분열과 경제개혁을 지지하는 압력들로 말미암아 1968년 초에는 노쇠한 당 지도자이자 대통령이었던 노보트니가 축출됐고 알렉산드르 둡체크 휘하의 자유화 시대가 시작됐다. 이 자유화 시대는 그해 8월 소련군의 침공으로 막을 내리게 된다. 폴란드에서는 1968년 3월의 학생 시위에 이어 1970~1971년 겨울에 발트 해 연안 도시들인 그단스크와 슈체친에서 노동자 시위와 파업이 잇따랐고 이로 말미암아 고무우카가 기에레크로 교체됐다.[166]

체코슬로바키아와 폴란드에서 일어난 사건들은 동유럽 여러 나라 지배자들에게 특히 불길한 징조였다. 폴란드는 동유럽 최대의 국가였으며 체코슬로바키아는 동유럽에서 산업이 가장 발전된 국가였다. 만약 이 두 나라가 갑자기 새로운 위기에 빠진다면 그 밖의 지역도 장기 전망이 어두워질 것이 틀림없었다. 국가자본주의 이론을 지지했던 우리는 프라하의 봄이 진압된 후 다음과 같이 결론지을 수 있었다.

관료 집단은 악순환의 덫에 걸려들었다. 그들이 어떤 문제를 풀려고 시도하면 다른 문제가 불거지기 십상이다.

중앙 기구의 지도자들은 점차 효율적인 생산의 걸림돌이 될 듯하다. …… 관료 집단이 1956년의 헝가리나 1968년 초의 체코슬로바키아에서 나타난 것 같은 분열을 겪지 않고 성공적으로 개혁을 실행하는 것은 불가능하다. 그러한 분열은 소련과 동유럽 전체에서 거대한 위기가 시작되는 서곡일 수 있고 이 위기 속에서 관료 이외의 계급들은 자신들의 고유한 요구를 내걸고 움직일 것이다.

국가자본주의의 만성적 위기는 체제 전체를 위협하는 결절점에 도달할 것이다. 그때 무슨 일이 일어날 것인지는 서로 다른 계급들이 고유한 이해관계를 반영하는 강령들을 내걸고 움직일 수 있느냐 없느냐에 달려 있을 것이다.[167]

그러나 모든 정권들은 1953~1956년 이후에 그랬듯이 1968~1971년의 사건들 직후에도 다시 안정을 찾을 수 있었다. 브레즈네프의 소련은 '데탕트'를 시작할 태세가 돼 있던 미국과 군사적 평형을 이루면서, 상당한 속도로 경제성장을 지속했다. 또 소련은 인민대중의 생활수준을 크게 향상시켜 줄 수도 있었다. 이 시기에 소련의 대다수 가구는 냉장고와 텔레비전을 갖기 시작했고 소수는 자동차를 소유하기 시작했다. 물론 대다수 서방 선진국들보다는 상당히 뒤처진 조건이었지만, 소련 노동자들은 겨우 15년 전에 서유럽 노동자들이 경험한 '소비 혁명'을 경험하고 있는 것처럼 보였다. 체코슬로바키아에서는 경제가 다시 상승하면서 — 1961~1965년의 연평균 1.8퍼센트 성장에서 1971~1975년의 연평균 5.7퍼센트 성장으로 — 개혁파 경제학자들의 무시무시한 경고가 논박되는 듯했다. 생활수준도 더불어 상승해서 1976년 말에는 거의 모든 가구가 세탁기, 라디오, 텔레비전을 가졌고, 다섯 가구 중 네 가구는 냉장고를 가졌으며, 세 가구 중 한 가구는 자동차를 가졌다.[168]

폴란드에서는 경제가 호황으로 진입하면서 생활수준이 향상될 수 없으리라던 정부와[169] 반체제 인사들[170] 양쪽의 예측이 모두 빗나갔다. 1975~1976년에 서방 기자들은 폴란드의 생활수준이 3년 동안 30퍼센트나 향상됐다는 공식 통계가 발표되자 '폴란드의 기적' 운운했다.[171] 1974~1976년에 경기 침체가 서방 자본주의를 강타했지만 소련과 동유럽에서는 경제성장이 지속됐다.

그 경제성장 수치가 수많은 문제들을 은폐하고 있었다는 사실만 제외하면 동유럽 지배자들은 스스로 자랑스러워할 만했다. 투자는 계속 생산량보다 훨씬 빨리 성장했다. 그리고 세계 수준의 기술 진보는 점차 국경을 뛰어넘는 자원 이동에 의존하게 됐다. 이러한 장기적 문제들을 깨달은 주요 동유럽 국가들은 일련의 경제개혁 계획을 수립했다. 1968년의 여파로, 헝가리와 유고슬라비아를 제외한 모든 곳에서 이 계획들은 조용히 폐기됐다. 그러나 그렇다고 해서 경제 운영 방식의 변화가 모두 제거된 것은 아니었다. 기업들의 실적 평가(와 기업 경영자들의 상여금)는 스탈린 시대보다 훨씬 더 노동의 비용과 질에 대한 통제 — 흔히 비효율적인 통제였지만 — 에 달려 있었다. 경제학자들은 이제 '가치법칙' — 세계 수준에서 생산하는 데 필요한 평균 노동시간으로 생산물을 측정하는 것 — 을 고려해야 한다는 점을 더는 부정하지 않았다. 그리고 세계 체제의 나머지 부분과 직접 연관을 맺는 기업들의 수도 끊임없이 증가했다.

이 점은 자국의 투자 붐에 재원을 조달하려고 서방 은행에서 대규모로 차입한 폴란드와 헝가리 같은 나라들에서 가장 분명히 드러났다. 기에레크 치하의 거의 모든 주요 사업은 서방의 기술·화폐와 연관돼 있었다. 바르샤바 외곽의 우르수스 트랙터 공장은 바클레이스의 돈으로 매시퍼거슨이 건설했다. 슐레지엔에 지어진 폴스키-피아트 공장은 이탈리아 기업이 설계했고 이탈리아의 밀라노에 있는 공장에 부품을 납품했다. 크루프가 주도하는 독일 기업들의 컨소시엄은 폴란드에 화학 공장을 짓기 위해 5억 파운드 상당의 설비를 제공했고 폴란드 정부와 공동으로 마케팅 사업을 벌일 계획을 세웠다. 폴란드의 구리 생산의 확장은 서방 은행 채권단과 맺은 2억 5000만 파운드 상당의 계약에 달려 있었다.[172]

헝가리에서는 일련의 법률 개정 덕분에 서방 기업들과의 합작회사가 수백 개 생겨났을 뿐 아니라 서방 은행들에서 대규모 차

입도 가능해졌다. 다른 동유럽 국가들은 서방 기업이나 은행과 직접 거래할 때 더 조심스러웠다. 그러나 그들도 분명히 거래는 했다. 서방 기업들은 소련의 톨라티그라드와 카마 강변에 대규모 자동차 공장을 짓는 사업에 참여했다. 1976년 한 해에만 소련은 36억 달러 상당의 중장비와 공장 설비를 서독 기업들에게서 사들였다.[173] 북러시아에서 서유럽에 이르는 대규모 가스관 건설 ― 이것은 서방의 도움을 받아 이뤄졌다 ― 은 1980년대 초의 소련 경제 발전에서 핵심적인 것이었다. 동독과 서독의 기업들 사이에는 협력 관계가 점차 증대하고 있었다. 가령 폭스바겐의 자동차 엔진을 서독의 인가 아래 동독에서 제조하는 것 등이 그것이다. 1989년 10월 중순 무렵 소련, 헝가리, 폴란드, 체코슬로바키아, 루마니아, 불가리아에 등록된 합작회사가 2090개였다.[174]

이에 더해, 소련의 브레즈네프 지도부는 미국에서 곡물을 구매하는 장기 계약을 체결해서 농업 부문의 뿌리 깊은 후진성을 극복하려 했다. 그들은 1973~1974년과 1979~1980년에 국제 유가가 급등하자 원유를 수출해서 얻은 수입으로 곡물 대금을 지급하려 했다.

뿌리 깊은 경제적 문제들에 대처하는 그러한 단편적 방식은 필연적으로 난관에 봉착할 수밖에 없었다. 이미 최대한으로 가동되고 있던 경제들은 외국에서 수입하는 상품과 기술의 대가를 지급할 자원을 어떻게든 찾아야 했다. 1970년대 초에 폴란드, 헝가리,

유고슬라비아의 정권들이 보기에 이 문제를 풀어 나갈 길은 서방 은행에서 차입하는 것인 듯했다. 이들은 서방 시장으로 수출이 진척되면 외채를 상환할 수 있으리라고 생각했다. 그러나 1974~1976년과 1980~1982년의 세계적 경기후퇴는 이러한 생각이 잘못이었음을 보여 줬다. 시장이 정체하고 금리가 치솟자 이 동유럽 국가들의 지배자들은 자신들이 브라질이나 아르헨티나 같은 '신흥공업국'의 지배자들과 똑같은 처지에 놓여 있음을 깨달았다. 과거의 차입을 상환하는 데 드는 비용은 축적을 더 진전시킬 가능성을 갉아먹기 시작했다. 1979~1980년에 폴란드는 발작적인 수축으로 점철된 장기간의 경기 침체에 빠져들었다. 1980년대 초에 서방의 대다수 친親시장주의 평론가들이 동유럽의 '기적 경제'로 칭찬했던[175] 헝가리는 5년이 지나자 예상대로 외채 문제로 몸살을 앓았다.[176]

체코슬로바키아, 동독, 그리고 브레즈네프의 소련 등 다른 국가들에서는 그러한 결과에 대한 두려움과 보수적 타성이 맞물려 세계시장에 대한 개방 수준을 낮추게 됐다. 차우셰스쿠 치하의 루마니아는 한쪽 극단에서 반대쪽 극단으로 왔다 갔다 했다. 즉, 이 나라는 1970년대에 외채가 엄청나게 늘어나자 이 빚을 갚기 위해 (독재자의 측근이 사용할 사치품을 제외한) 모든 품목의 수입을 축소했다.

이 보수적 방향은 1974~1976년과 1980~1982년의 경기 침체로 서방과 '제3세계'가 자국 산업을 다국적 생산의 필요에 맞게 구조조정하도록 강력한 자극을 받고 있던 때에, 일국에 한정된 국가자본주의라는 낡은 모델에 집착하는 것이었다. 이렇게 되자 동방 경제의 주요 부문들은 필연적으로 가장 선진적인 세계적 기술 수준에 뒤처지기 시작했다. 1950년대에 소련은 핵 기술 면에서 미국을 따라잡을 수 있었고 우주 경쟁에서는 잠시 앞서기도 했다. 1960년대 말이 되자 소련은 컴퓨터 같은 핵심 부문에서 명백히 뒤떨어지기 시작했다.

가장 선진적인 국제 기술 수준을 따라잡으려는 시도는 점차 비용이 비싸졌고 흔히 비효율적인 것이 됐다. 예를 들어 동독 기업인 로보트론은 컴퓨터 기술과 소프트웨어에서 서방과 경쟁하기 위해 막대한 노력을 쏟아부었다. 성과는 꽤 컸다. 그러나 그 성과는, 서방의 몇몇 다국적기업들이 그 분야에 집중해 놓은 — 훨씬 더 거대한 — 자원을 따라잡을 만큼 충분한 것은 아니었다. 사실, 이 시기에 미국계 다국적기업들은 다양한 기초 마이크로칩 생산에서 일본계 다국적기업들에 밀려나고 있었다. 경쟁을 지속할 자원이 더는 없다는 단순한 이유 때문이었다. 동독 같은 작은 국가의 산업은 그런 상황에서 경쟁해서는 승산이 없었다.

이와 비슷하게, 체코슬로바키아 기업은 서방에서 생산되는 가전제품 전 품목 — 예컨대 냉장고, 믹서기, 컴퓨터 등 — 을 만드는 데 경쟁력이 있었다. 그러나 체코슬로바키아가 만드는 가전제품은, 생산공정 가운데 오직 일부에만 집중하는 서방의 거대 다국적기업보다 생산 단가가 더 비쌌다. 또 매년 도합 20만~30만 대를 생산하는 데 그치는 체코슬로바키아와 동독의 자동차 산업은 매년 수백만 대를 생산하는 서방의 상위 10대 다국적기업들만큼 기술 발전이나 공작기계의 발전을 이룰 수 없었다.

점점 벌어지는 기술 격차는 세 가지 영역에서 중요한 결과를 가져왔다. 첫째는 가장 선진적인 생산수단의 부족이었다. 갈수록 첨단 컴퓨터와 기계 설비는 서방에서 사들여야 했다. 그러나 그것이 의미하는 것은 이 물품들을 사들일 외화를 확보해야 한다는 것이었다. 게다가 이 물품들이, 서방 열강들이 설정한 코콤(대공산권수출통제위원회)의 수출 금지 품목에 들어 있지 않아야 했다.

두 번째로, 무기 생산의 부담을 지탱하기가 갈수록 어려워졌다. 소련은 적어도 1980년대 중반까지는 서방의 군사기술을 따라잡는 데 성공했다. 그러나 이를 위해서는 경제의 나머지 부문에 들어갈 자원을 빼내서 군사 부문으로 돌려야 했고, 그 결과 해당 경제 부문이 피해를 입는 것이 불가피했다. 소련 경제학자인 자이첸코가 최근에 지적했듯이,

100여 개 나라 중에서 불과 5~6개의 중동 국가들만이 소련보다 더 많은 방위비를 지출하고 있음을 보여 주는 믿을 만한 통계가 있다. 우리 나라는 국제 무대에서 영향력을 강화하려고 고군분투하다가 방위비 부담이 너무 커져 버려서 이제는 금융적·경제

적 노력을 최대한 쏟아부어야만 겨우 감당할 수 있는 지경에 이르렀다.[177]

소련은 서방에서 생산된 것 못지않은 항공기·탱크·권총을 생산할 수 있었다. 그렇지만 이를 위해 경제의 나머지 분야에서 양질의 발전을 이루는 데 필요한 자원들을 고갈시켜야 했다.

끝으로 동독이나 체코슬로바키아처럼 정권이 노동자들의 기본적 생필품 — 식료품, 의복, 술, 주택 — 을 만족시키는 데 성공한 나라들에서도 내구 소비재의 가격과 질에 대한 불만 증대는 막을 수 없었다.[178]

국가자본주의 이론은 이미 1970년대 중반에, 서방에 대한 개방도 또 개방을 제한하려는 노력도 동방 국가들이 경제 침체와 정치 위기로 빠지는 경향을 막을 수 없을 것이라고 지적했다.[179] 1980년대 초에 폴란드에서 일어난 사건들은 이 그림을 좀 더 뚜렷하게 보여 줬다.

1981년이 되자 폐쇄경제를 유지하느냐 아니면 경제를 개방하느냐 사이의 선택은 실제로 프라이팬과 불 중 하나만을 선택해야 하는 것과 같은 난처한 문제였다. 첫 번째 선택은 침체의 심화, 낭비의 증대, 대중의 요구를 충족시키지 못하는 무능력, 노동계급의 지속적 반란의 위험을 의미했다. 두 번째 선택은 점차 침체하고 후퇴하는 세계경제의 리듬에 자신을 속박시키고 국내 경제의 수축을 포함해서 경기후퇴를 중단시킬 행정적 수단을 포기하는 것을 의미했다. 1980~1981년에 폴란드가 위기를 겪자, 동유럽의 모든 통치자들이 엄청나게 큰 충격을 받은 것은 바로 이 때문이다. 폴란드의 위기는 모든 나라가 직면한 문제들을 해결하기가 쉽지 않다는 것을 입증하는 것이었다.[180]

'위기 직전' 상태와 페레스트로이카

지금 소련 지도자들은 1982년에 브레즈네프가 마침내 죽었을 때 이미 경제가 '위기 직전' 상태였다고 말한다. 공식 성장률 수치는 1970년대 초반에 5.7퍼센트였다가 1970년대 후반에는 4.3퍼센트로, 그리고 1980년대 초에는 3.6퍼센트로 하락했다. 서방의 계산을 보면 이 수치는 3.1퍼센트에서 2.2퍼센트로, 다시 1.8퍼센트로 하락했다. 어느 경우든 소련 경제는 가장 선진적인 서방을 '따라잡기'커녕 오히려 뒤처지고 있었던 것이다. 그런데도 소련에 대한 외부의 압력은 증가하고 있었다. 즉, 레이건 정권 초기에 미국의 군비가 증대했고 소련이 곡물과 선진 기계를 해외에서 사들일 때 사용했던 원유 판매 수입이 국제 유가 하락으로 줄어든 것이 모두 소련을 압박하고 있었다.

'위기 직전'의 징후들은 비단 경제에만 국한되지 않았다. 군부는 이길 수도 없었던 아프가니스탄 전쟁에서 수렁에 빠져들었다. 관료 집단 내부에 냉소주의와 부패가 만연했다. 브레즈네프 자신의 가족마저 예외가 아니었다. 당 간부들은 국가자본주의 건설을 위해 적극 헌신하는 태도(흐루쇼프 시절만 해도 아직 남아 있었던)를 완전히 상실했다. 인민대중의 소외의 깊이는 나날이 증가하는 술 소비량으로 헤아릴 수 있었다. 그리고 젊은 세대 가운데 가장 활동적인 사람들의 소외는 극히 허무주의적인 록 뮤직에 심취하는 사람들이 늘어나는 것으로 헤아릴 수 있었다. 상황의 위험성은 KGB 의장이자 1982년에 브레즈네프의 뒤를 이어 권력을 승계한 안드로포프도 이미 인정했다. 그래서 그는 지방 출신의 새 세대 당 관료들을 당 지도부로 끌어올렸다. 그중에서 고르바초프가 가장 두드러진 인물이었다.

고르바초프가 1985년에 권력을 승계했을 때 위기의 징후는 전보다 더 가시적이었다. 그는 머지않아 당이 "1985년 4월에 국가가 처한 극적 상황"이라고 묘사한 것을 피할 수 없었다.[181]

> 중앙과 지방 모두에서 많은 지도자들은 계속해서 낡아 빠진 방법으로 행동하고 있으며 새로운 조건에서 일할 준비가 돼 있지 않음이 드러났다. 규율과 질서가 참을 수 없는 수준까지 악화했다. 계획의 하향 수정이라는 악순환이 널리 퍼졌다.[182]

당은 브레즈네프 시대를 '정체'의 시대라고 표현했다.

이 시대는 나라를 경제 위기 직전까지 몰고 갔다. 경제 관리 체계는 포괄하는 범위가 너무 넓고 비용이 많이 들어서 비효율적이었다. 그 구조와 전문성은 현대적 요구 수준과 맞지 않는다. …… 생산, 효율성, 생활수준은 성장을 멈췄다.[183]

집권 첫해에 고르바초프 지도부는 안드로포프가 사용했던 것과 같은 방법을 사용해서 경제 '구조조정'을 달성하려 했다. 기존의 기구들을 사용해 대중이 더 열심히 일하게 만들려는 노력의 일환으로, 오직 하나의 목표만을 지향하는 캠페인이 위로부터 전개됐다. 술이 생산성에 해로운 영향을 미친다는 생각에서 금주 캠페인이 전개됐다. 여기에는 술 가격을 올리거나, 판매량을 3분의 2 정도 줄이거나, 수천 에이커의 포도밭을 망가뜨리는 시도 등이 포함돼 있었다. 지난 20년간의 브레즈네프 시대에 권력을 장악한 구세대 당 관료들 다수의 만연한 부패를 비판하는 공세가 벌어졌다. 기업 생산물의 품질을 점검하고 불량품을 만드는 기업에서 일하는 사람들의 임금을 삭감하기 위한 중앙기관이 설립됐다. 심지어 고르바초프는 사람들에게 스탈린 치하 1930년대의 스타하노프 운동 사례를 본받으라고 호소하기도 했다.[184]

그러나 위로부터 경제를 바로잡으려는 시도는 잘 먹히지 않았다. 1986년이 경과하면서 고르바초프 주위 사람들은 대부분 경제를 변화시킬 방법은 관료적 경영 구조 자체를 철저하게 변혁하는 것뿐이라고 확신하게 됐다. 그들은, 이 작업이 경제 구조뿐 아니라 정치 구조 자체도 변화시키지 않고는 달성될 수 없다는 사실을 깨달았다. 보수적 관료들이 페레스트로이카를 방해하고 있으므로 글라스노스트를 통해 언론이 그들의 행위를 백일하에 드러내도록 허용해서 그들의 방해를 극복해야 한다고 생각했다.

페레스트로이카의 경제강령은 본래 세 묶음의 상호 연관된 변화 계획을 담고 있었다. 첫째는 낡은 공장과 기계 설비를 새로운 것으로 바꿔 생산을 구조조정하는 것이었다. 이것은 한편으로 공장 폐쇄와 해고, 다른 한편으로 3교대 작업제를 도입해서 달성해야 했다. 결국 이것은 노동자 1600만 명의 해고를 수반하는 것이었다. 그중 300만 명 이상은 이미 해고된 상태였다.[185] 두 번째는 산업을 통제하는 관료 기구의 규모를 축소하고 부적합하고 비효율적이며 부패한 관료와 경영자를 교체하는 것이었다. 언론의 비판의 자유를 증대하는 것이 이 과제의 해결에 도움이 될 터였다. 끝으로는 산업을 효율적으로 만들려는 관료적 시도들을 시장의 힘에 기초한 시도들로 대체하는 것이었다. 서로 다른 기업들의 노력을 '수직적으로' 조정하는 '명령 하달 식' 방법은 '수평적' 연계로, 즉 기업들이 서로 다른 기업의 생산물에 대해 자유로운 계약을 맺을 수 있도록 바뀌었다. 개별 기업의 경영자들이 최대 이윤을 추구하게 되면 자원의 효율적 사용과 신기술의 신속한 채택을 중시할 터였다.

이 세 가지 요소들은 상호 의존적이었다. 명령에 의한 조정에서 시장에 의한 조정으로 전환하면 어느 공장이 가장 효율적인지가 드러날 것이고, 그러면 효율적이라고 판명된 공장에 생산을 집중하도록 하는 유인誘引을 각 경영자들에게 제공할 수 있을 것이다. 관료적 통제 계층을 축소하는 것은 수평적 연계로 이행하기 위한 전제 조건이었다. 그리고 그것은 개별 경영자들의 능률을 향상시킬 터였다. 그러나 사태는 기대대로 돌아가지 않았다. 1988년에 수직적 연계가 부분적으로 수평적 연계로 바뀌었지만, 효율성이 획기적으로 상승하지는 않았다.

주민들에게 식량을 공급하는 문제는 더 악화했다. …… 1989년 1월에 소련 텔레비전은 어느 각료 회의에서 경제에 필요한 모든 것이 부족하다는 결론을 내렸다고 보도했다. 이 보도에 의하면 점차 더 많은 물품의 공급이 부족해지고 있고, 주택 면적이 계획보다 200만 평방미터나 적고, 유아원의 수도 줄어들고 있다.[186]

그리고 물가가 상승하고 있었다. "공장들도 상점들도 값싼 물건들을 공급하는 데는 관심이 없다. 수지가 맞지 않기 때문이다."[187] 많은 경영자들은 가격 인상만으로도 이윤을 늘릴 수 있고 또 특별 배당금도 챙길 수 있다는 사실을 깨달았다. 무턱대고 가격을 올릴 수 없는 곳에서는, 값싼 품목에서 더 값비싼 품목으로 생산 품목을 바꿨다. 그러나 흔히 한 기업이 생산한 물품이 다른 기업의 투입물로서 절실히 필요했기 때문에 이러한 품목 변경은 경제 전반에서 혼란을 야기했다.

게다가, 고르바초프가 보기에 구조조정을 달성하는 데 반드시 필요했던 개방성이 경제적 문제를 가중시켰다. 1988년 봄과 초여름에 고르바초프는 페레스트로이카를 제한하려는 보수파의 시도에 맞서는 무기로서 글라스노스트라는 슬로건을 사용할 수 있었다. 특별 당대회에 이르는 과정에서 그는 모스크바의 언론 매체들이 부패, 야만성, 비능률을 폭로할 수 있도록 완전한 자유를 허용했다. 그러한 압력 덕분에 몇몇 대의원들이 당대회에서 재선할 수 있었다. 그리고 더 많은 사람들이 구조조정에 열렬히 동의하는 듯한 제스처를 취했다. 그래서 고르바초프는 자신의 선의에 의존하는 보수파 정치국원 리가초프 그룹과 함께 대회의 승리자로 부상했다. 리가초프 그룹이 고르바초프의 선의에 의존하고 있었다는 사실은 두 달 뒤 중앙위원회가 그들을 요직에서 축출하고 고르바초프를 최고 소비에트 간부회의 의장의 자리에 앉혔을 때 분명히 드러났다.

고르바초프의 정치 경력은 모두 정치적 관료 체제 안에서 쌓은 것이었다. 그는 흐루쇼프와 브레즈네프 시절에 윗사람의 환심을 사는 법, 자신의 경쟁자를 물리치는 책략, 아랫사람들을 위협해서 복종시키는 방법 등을 익혀서 출세했다. 이것들은 그해 봄과 여름 내내 그가 사용한 술책이었다. 그는 이와 더불어 정치 기자였던 경험에서 얻은 상당한 기술도 구사했다. 그는 이런 술책을 써서 반대파를 공격함으로써 상당한 권력을 손에 쥘 수 있었고, 구조조정을 방해할지도 모르는 부하 관료들에게 실질적 공격을 가할 수 있는 기반을 다졌다고 생각했다.

그렇지만 이 술책은 다른 문제들에 대한 대비책은 되지 못했다. 가령 글라스노스트 덕분에 1920년대 말 이래 처음으로 자신들의 생활 조건에 대해 토론할 기회를 얻은 수많은 대중의 반응에는 어떻게 대처할 것인지 하는 문제에 대해서는 아무런 대비책도 없었다. 위로부터의 글라스노스트라는 희미한 약속만으로도 아래로부터의 글라스노스트라는 엄청난 파도를 불러일으키기에 충분했다.

처음에 이것은 주로 모스크바 지식인들에 국한된 현상으로 보였다. 그들은 중요한 집단이었다. 왜냐하면 그들은 전 연방의 신문, 텔레비전, 라디오 방송의 내용과 영화 스튜디오의 정책들에 영향을 미치고 있었기 때문이다. 그러나 그들 역시 상대적으로 특권적인 집단이었으며 소련의 여타 지역 대중과는 말할 것도 없고 모스크바 대중과도 단절돼 있었다. 〈소비에츠카야 로시야〉 사건은 그들이 대부분 얼마나 쉽게 제압될 수 있는 존재인지를 보여 준다. 그들은 지도부 일각에서 적대적 움직임이 나타나자 갑자기 3주 동안이나 조용해졌던 것이다. 고르바초프는 당대회에서 승리한 이후에는 그들을 조용하게 만드는 일에 발 벗고 나섰다. 흔히 정치국 내의 '자유주의자'로 알려져 있었던 야코블레프는 언론사 수뇌들에게 "책임 있는" 보도를 촉구하며 "감정에 불을 지피거나 정열을 촉구하려는 시도, 또는 민족적·사회적 불신의 씨를 뿌리고 서로 다른 사회집단 간의 갈등을 불러일으키는 시도"를 막으라고 말했다. 그는 "사회적 기생주의의 매우 위험한 형태"인 "비현실적이고 극단주의적인 태도"에 저항하라고 촉구했다.[188] 신설된 경찰 부대가 8월 7일의 민주연합 시위 같은 일련의 시위들을 진압하기 위해 파견됐다. 당국이 '허가되지 않은 시위'의 조직자를 투옥할 수 있게 허용하는 새로운 법령이 선포됐다. 그리고 '인쇄 용지 부족'이라는 핑계로 주간지 〈오고뇨크〉 같은 개혁파 언론의 인쇄 부수를 제한했다.

이런 조처들은 모스크바의 급진적 여론의 영향력을 즉각 중지시키지는 않으면서 제한하려는 시도였다. 고르바초프는 자신에게 반대하는 보수파의 활동을 촉발하지 않고서는 이 조처를 제대로 실행하기가 어렵다는 것을 분명히 느끼고 있었다. 한편 여전히 스탈린과 브레즈네프 시대의 추악한 사실들을 들춰내서 보수파의 평판을 떨어뜨릴 필요도 있었다. 그리고 그것은 언론이 소련의 실제 삶이 어땠는지에 대해, 즉 스탈린 시대의 숙청과 노동수용소, 강제 이주와 기근, 전시용 재판과 대량 학살, 브레즈네프 시대의 전반적 부패와 무능력 등을 마구 폭로하도록 허용해야 한다는 것을 의미했다.

그렇지만 더욱 중요한 것은 모스크바 바깥, 즉 소련 전역의 시와 군에서 벌어지고 있는 일이었다. 이미 1987년 말에 수천 개의 소규모 비공식 단체들이 조직되고 있었다. 이들은 흔히 1960년대와 1970년대에 '반체제 분자'로 희생되거나 투옥된 개인들을 중심으로 조직되고 있었다. 그들은 지역 공장으로 인한 환경오염, 핵 발전소의 위험, 지역 정치 거물들의 부패, 지방 언어에 대한 차별, 스탈린 시대 지방 주민의 운명 등 지역 현안들을 끄집어내 선동했다. 때때로 그들은 수백, 수천 명을 거리로 이끌어 내서 지역 언론이 자신들의 존재를 인정하게끔 강제했다.

특별 당대회 준비 기간에 논쟁이 벌어지자 이 비공식 단체들은 갑자기 실질적 대중행동을 취할 기회를 얻었다. 당 기구의 몇몇 분파들이 특히 부패하거나 대중의 신망을 잃은 인물들을 대의원으로 임명하는 데 반대하는 운동을 펼쳐도 좋다고 허용했기 때문이다. 조그만 틈을 이용해서 활동하던 소규모 단체들이 갑자기 수천 명이 참가한 시위를 이끌었다. 좌익 반대파인 카갈리츠키가 지적했듯이, "시위 물결이 나라 전역을 휩쓸었다."[189] 그리고 거의 모든 곳에서 시위대는 누가 대의원이 될 것이냐는 물음 이상의 문제를 제기하기 시작했다. 예를 들어 야로슬라브에서는 5000명이 모인 가운데,

집회장의 연설들은 끝이 없을 것 같았다. 대중은 당대회의 선거 절차뿐 아니라 도시의 공급 부족에 대해, 병원과 주택의 심각한 부족에 대해, 그리고 사회적 공정성 원칙의 침해 사례들에 대해 말하고 있었다. 개인적 불만을 털어놓는 사람들도 많았다. 단상에 올라가 연설하겠다는 요청이 점점 더 많이 쇄도했다.[190]

당대회에서 당 지도부는, "당과 사회에는 여러 견해를 비교하고 비판과 자기비판을 수행할 상시적 메커니즘"이 있어야 한다고 말하면서도 다음과 같이 서둘러 덧붙였다. "토론은 …… 정치적 갈등이나 사회 세력들의 분열로 이어져서는 안 된다."[191] 그러나 갈등은 이미 존재했다. 비非러시아계 민족들의 불만이 폭발하고 있었을 뿐 아니라 온 나라에서 저항의 물결이 계속 빈발하고 있었다. 또 별로 널리 알려지지 않았고 대체로 매우 짧은 것이기는 했지만, 임금과 노동조건을 둘러싼 파업도 드문드문 일어나고 있었다.

중앙 권력이 모든 사람들을 확고하게 억누르지 못하자, 기업과 지방정부를 운영하는 관료들은 아랫사람들을 계속 통제할 수 있는 길은 이들의 요구 사항 일부를 들어주는 것밖에 없다고 느꼈다. 그들은 민족적 권리를 더 폭넓게 인정하고, 공해 공장들을 폐업하고, 임금과 주택, 교육과 건강에 대한 지출을 늘리겠다고 약속했다.

그래서 개혁이 경제의 생산량을 늘리지 못한 상태에서 정부와 기업의 지출이 크게 증가했다. 1988년에 소득은 8.5퍼센트 상승한 반면 산업 생산량은 겨우 3.5퍼센트 상승했다. 1989년 초의 각료 회의에서는 다음과 같은 보고가 있었다.

> 지난 3년의 계획 기간에 예산 지출이 수입을 1840억 루블이나 초과했다. 화폐 공급은 심각한 지경에 이르렀다. 통화량은 지난해의 갑절로 늘었고 11차 5개년 계획 때의 평균 수치보다 네 배나 늘었다. …… 국제수지 적자는 계속 커졌다.[192]

경제 위기가 갑자기 심화하자 헌신적인 개혁파 사이에 혼란이 일어났다. 한편에서는 정부와 기업에 포진한 수많은 보수파 관료들이 과거의 중앙 통제 방식으로 복귀하라고 압력을 가했다. 이들은 상부에서 개별 기업의 각급 경영자들을 압박해 다른 기업 경영자들에게 필요한 투입물을 생산하도록 강제해야 한다고 주장했다. 당 지도부는 많은 상품의 가격을 다시 통제하고 특정 소비품의 수출을 금지함으로써, 이 방향으로 일정하게 이동했다.

다른 한편에서는 기업들 사이의 경쟁을 더 격화시켜야 한다고 주장하는 일부 경제학자들이 개혁을 더 강하게 밀어붙이라고 압력을 가했다. 이들은 소련 내부의 기업들과 세계경제 속에서 활동하는 여타의 기업들이 직접 경쟁하게 되면 경영자들이 효율성을 추구할 수밖에 없을 것이고 또 필요한 물품들을 생산할 수밖에 없을 것이라고 주장했다.

지도부는 어느 길로 가야 할지를 알지 못했다. 어느 길에도 거대한 문제가 산적해 있다는 것이 뻔했기 때문이다. 지도부는 중앙 통제적 강제 체제가 지금까지 경제를 '위기 직전'까지 몰고 왔음을 알고 있었다. 그러나 시장으로 급격하게 방향을 전환하면 산업의 전 분야가 황폐해질 수 있다는 것도 알고 있었다. 심지어는 여러 상품의 가격을 올리도록 허용한 제한적 '시장' 정책마저 심각한 난관에 봉착했다. 1970년, 1976년, 1980년에 폴란드에서 있었던 그러한 가격 인상은 노동자들의 거대한 봉기를 불러일으켰다. 고르바초프의 자문위원인 아간베기얀이 1989년 초에 말했듯이, "소매가격 개혁이 …… 필요하지만 …… 그 사회적 결과" 때문에 그 개혁은 3~4년 연기돼야 했다.

낡고 부적합하며 부패한 관료들을 교체했지만 관료제 전체의 작동 과정에 어떤 근본적 변화도 일어나지 않았다. 고르바초프 자신의 다음과 같은 불평은 이 점을 잘 보여 준다.

> 각료의 66퍼센트, 주州 당 위원회 제1서기들과 주州 소비에트 집행위원회 의장의 61퍼센트, 그리고 읍 당 위원회의 제1서기들의 63퍼센트가 새로 선출됐다. …… 그러나 이들에게도 과거 족적이 깊게 드리워져 있다. …… 그들의 첫째 관심사는 정부와의 직통전화, 좋은 건물, 자동차 등등이다. …… 그중 많은 사람들은 그들 자신의 사리사욕을 추구한다. 즉, 이들은 인민과 사회주의

를 위한다는 그럴듯한 명분 아래 자신들의 이익만을 채우려 하는 것이다.[193]

8개월 후에도 변한 것은 아무것도 없었다. 고르바초프가 직접 임명한 사람들이 '안정'을 보장해 주지 않는다는 이유로 들고일어나 중앙위원회 회의에서 그를 비판했다. 그리고 리시코프는 경제의 붕괴를 막기 위해 다음 2년 동안 실시할 비상조치들을 도입했다. 그것은 기업의 투자 계획, 가격 책정, 대외무역 등에 관한 막대한 통제권을 중앙에 부여하는 것이었다. 친親시장 경제학자들은 리시코프가 '수직적'인 '명령 하달 식' 경제 지도 방법으로 회귀하고 있다며 즉시 비난하기 시작했다.[194]

내적 해체

거대한 관료 기구를 떠받쳐 온 사람들은 자신들의 지도자들이 서로 다투게 되자 그들에 대한 신뢰를 잃어버렸다. 그러자 과거에 이 지도자들에게 지배당했던 사람들이 처음에는 혼란되고 서툰 방식으로 자신들의 주장을 제기하기 시작했다. 바로 이것이 지난 2년 동안 소련에서 일어나고 있는 일이다. 그리고 고르바초프에 대한 신뢰 상실의 가장 강력한 징후는 소련의 내적 해체를 향한 경향, 즉 민족문제다.

이것은 일반적으로, 전 세계의 좌파가 당혹스러워하는 문제다. 예를 들어 에릭 홉스봄은 "러시아 제국의 다른 부분들은 모두 대체로 러시아 자체보다는 형편이 나은 편"이며 아르메니아인들 같은 사람들의 민족주의는 "완전히 불합리한 것"이라고 주장했다.[195]

이러한 주장은 스탈린이 중앙의 러시아계 관료 집단의 지배력을 강화하는 과정의 일환으로 비非러시아계 인민의 러시아화化 정책을 체계적으로 강행했다는 사실을 무시하는 것이다. 그는 소수민족 출신들을 권력의 요직에서 숙청했다. 그래서 1930년대 말에 북캅카스의 관료 1310명 중에서 현지 출신은 겨우 17명뿐이었다.[196] 스탈린은 이 소수민족 출신 지식인들을 살해하거나 그 민족 전체를 수천 킬로미터 멀리로 강제 이주시켰다. 흐루쇼프는 이보다는 덜 잔인했다.[197] 그러나 그도 많은 지역 당 지도자들을 '프티부르주아 민족주의자'라는 죄목으로 제거했다.[198] 브레즈네프 치하에서 몇몇 공화국의 지도자들은 현지 주요 민족의 특정한 문화적 특징을 이용할 수는 있었지만 러시아 관료들이 소련을 지배하는 것 자체를 문제 삼을 수는 없었다. 이것은 그 지역의 당 제2서기가 어김없이 러시아인이었다는 사실에 의해 드러난다. 러시아어 이외의 언어를 사용할 권리는 1920년대 말부터 유린됐다. 브레즈네프 시대에 소수민족의 언어들이 어느 정도 용인됐지만 그렇다고 러시아어와 동등한 수준으로 회복된 것은 아니었다. 우크라이나의 수도 키예프 주민의 대다수는 우크라이나어가 모국어였는데도 우크라이나어를 가르치는 학교는 5분의 1밖에 되지 않았다. 키르기스스탄의 도시 지역에는 현지어를 사용하는 유치원이 단 하나도 없었다. 몰다비아인들은 1930년대 말까지 주로 사용됐고 이웃 루마니아에서 여전히 사용되는 로마자식 알파벳이 아니라 러시아식 알파벳을 사용해 글을 읽고 쓰도록 강요당했다.

그러나 민족주의는 현지 주민들에게 민족 억압에 저항하는 수단을 제공하는 것 이상의 구실을 했다. 즉, 자신들이 중앙 국가와 거대기업을 운영하는 사람들로부터 소외돼 있다는 느낌을 고조시키는 구실도 했다. 나라를 지배하는 연방 기구는 모두 압도적으로 러시아인들로 구성돼 있었고 그다음으로는 여타의 슬라브족으로 구성돼 있었다. 정치국에서는 단 두 명만이 비러시아계였다. 러시아인이 인구의 절반이 안 되는데도 1800만 당원의 59.7퍼센트를 차지했다. 그리고 출세하고 싶은 비러시아계 사람은 자신에게는 외국어인 언어, 즉 러시아어를 받아들여야 했고 지배적인 민족성nationality을 받아들여야 했다.

게다가 대다수 공화국들의 상황은 러시아 자체보다 더 나빴다(발트 해 국가들은 예외다). 1970년대에 아제르바이잔의 생활수준은 소련 전체 평균 생활수준의 76퍼센트에 불과했다. 또 우즈베키스탄은 소련 전체의 76퍼센트, 카자흐스탄은 91퍼센트에 불과했다.[199] 라트비아의 유아사망률은 러시아 공화국보다 낮았지만 아제르바이잔의 유아사망률은 러시아 공화국보다 80퍼센트나 높았고 아르메니아도 40퍼센트나 높았다. 그루지야의 수도 트빌리시의 유아사망률은 레닌그라드보다 두 배나 높았다.[200]

그러한 상황에서는 대중이, 사회적 문제들이 민족 차별에서 유래한다고 보기 쉬웠다. 게다가 공화국 수준에서 존재하는 '인종적' 기구들이 선동의 초점이 되기 쉬웠다. 지역적 시위는 지역 공화국 소비에트나 중앙위원회에 압력을 가해 모스크바의 중앙 권력과는 다르게 행동하도록 만들 수 있었다.

아르메니아와 아제르바이잔에서 민족주의가 가장 격렬하게 표출되도록 만든 것은 바로 민족적 불만과 사회적 불만의 결합이었다. 카라바흐, 아제르바이잔, 아르메니아의 상황은 소련 전체의 평균적 상황보다 훨씬 더 나빴다. 1988년 7월에,

> 〈이즈베스티야〉는 카라바흐의 저항이, 파국적 결과를 낳은 잘못된 경영과 비참한 경제 상황에 대한 저항으로 시작됐다고 보도했다. 얼마 후 그 저항은 민족주의적 방향으로 선회했다. ……
> 이 신문에 따르면, 이곳은 농경 지역인데도 육류와 버터의 공급이 오랫동안 제한됐다고 한다. 농가의 절반이 암소가 한 마리도 없으며 3분의 1은 가축이 단 한 마리도 없다. …… 스테파나케르트의 주민들은 하루에 한 시간밖에 물을 공급받지 못한다. 공급이 부족하기 때문이다. ……[201]

〈모스크바 뉴스〉는 1988년 2월에 숨가이트에서 일어난 반反 아르메니아 폭동에 참여한 사람들의 생활 조건을 보도한 바 있다. 그들은 합숙소 비슷한 벽돌집에서 살거나 제3세계에서나 볼 법한 오두막집에서 살았다.

작은 읍 하나에 55개의 합숙소가 있었다. 그래도 거기 묵는 사람들은 행복한 편이었다. 왜냐하면 다른 사람들은 연기와 그을음, 먼지를 내뿜는 공장 근처의 낡은 양철판, 조가비, 엉성한 콘크리트 블록으로 지은 오두막집에서 하루하루를 연명해야 했기 때문이다. …… 만약 빨랫줄이나 땅에 삐죽 솟은 텔레비전 안테나에 걸린 빨래들이 없었다면 그곳에 사람이 살고 있으리라고는 아무도 생각하지 못했을 것이다.

바쿠에서 발간된 어떤 신문은 아제르바이잔 전체에 "사회적으로 유용한 노동을 하지 않는[즉 실업에 처한 – 하먼]" 주민이 25만 명이나 살고 있다고 보도했다.[202] 바쿠의 라디오 방송은 어느 공식당 회의에서 아제르바이잔어보다 러시아어를 높게 평가하는 언어 차별 문제가 논의됐다고 보도했다.

언어, 역사, 문화, 그리고 대중의 정신생활 분야에서 오랫동안 많은 문제들이 무시됐다. …… 아제르바이잔어 사용 분야를 인위적으로 축소한 몇몇 소비에트 농장들과 조직들에 대한 격렬한 비판이 있었다. 아제르바이잔어로 된 공문서나 상거래 문서 양식을 준비하는 작업은 소홀히 다뤄지고 있다. …… 과학아카데미와 그 산하 부서들, 창작동맹creative unions, 교육부와 문화부, 주무 부처들, 공공서비스과課 등은 실질적 조처를 취하지 않고 늑장을 부리고 있다.[203]

1987년에 아르메니아에서 일어난 첫 번째 항의 운동은 카라바흐에 관한 것이 아니었고 예레반의 두 화학 공장 때문에 발생한 끔찍한 환경오염과 인근의 핵 발전소에서 일어난 누출 사고에 항의하는 것이었다. 공산당의 한 회의에서는 아르메니아 전체의 실정이 다음과 같이 보고됐다. "이곳의 1인당 육류 소비량은 연방 평균 수준보다 24퍼센트 낮으며 유제품의 소비는 표준 영양치의 50퍼센트에 불과하다." 이 보고는 이어서 아르메니아에서 매년 건설되는 주택의 수가 필요한 것보다 1만 2000채나 적으며 소비재 생산량은 계획 목표보다 연간 8000만 루블어치나 적다고 말했다.[204] 아르메니아 공화국의 주택 수준이 어땠는지는 1988년 겨울에 발생한 지진의 참상으로 가장 끔찍하게 드러났다.

이 공화국들이 처한 상황을 알려 주는 가장 적실한 자료는 실업률 수치다. 〈프라우다〉는 가장 최근의 수치들(1986년도 것이다!)을 보면 아제르바이잔의 실업률이 27.6퍼센트, 아르메니아가 18퍼센트라고 폭로했다. 이 신문에 따르면 이 수치는 '금융 자율화'로 소련 전체에서 300만 명이 실직하기 전의 것이다.[205] 이렇게 보면 중앙아시아의 공화국들과 카자흐스탄에는 도합 600만 명의 젊은이들이 아무런 직업도 갖고 있지 못한 것이다.[206]

가난한 지역의 대중이 페레스트로이카로 자신들의 경제적·사회적 처지가 개선될 것이라는 일체의 환상에서 벗어남에 따라, 민족운동들이 더 크게 더 급진적으로 성장했는데 이것은 전혀 놀라운 일이 아니다. 소련 전체의 문제가 더욱 치유하기 어려워지는 듯하자, 더 부유한 공화국들은 연방 탈퇴나 적어도 경제적 자율을 추구하는 것이 침몰하는 배에서 벗어나는 구명 뗏목이라고 여기게 됐다.

그러나 민족주의는 대중의 불만이 자생적으로 표출된 것만은 아니었다. 그것은 현지의 지배 관료들이 대중의 비난에서 비켜서 다른 민족 집단에게 비난의 화살이 향하도록 만들 기회가 되기도 했다. 어떤 러시아 신문의 보도를 보면, 1988년 초에 있었던 숨가이트 학살 때 지역 당 지도자들과 경찰서장들이 사람들로 하여금 아르메니아계 주민들을 공격하도록 교묘하게 부추긴 것을 알 수 있다. 1990년 초에 서방 신문들과의 인터뷰에서 아제르바이잔 인민전선 지도자들은 아르메니아인들에 대한 공격을 부추기는 것은 자신들이 아니라 지역 당 관료들이라고 주장했다. 모스크바의 급진적 좌파도 이 주장에 동의했다.[207] 잠잘 곳도 일할 곳도 없는 난민 20만 명이 쇄도해서 본래 열악했던 주택 문제와 실업 문제가 더욱 복잡해진 공화국에서, 대중이 자신들의 분노를 지역 당 관료의 특권이 아니라 수만 명의 아르메니아 노동자들에게 돌리기란 너무나 쉬운 것이었다.

스탈린은 분열 지배 정책을 통해 자신의 권력을 강화했다. 이 정책은 각 공화국에서 지배적인 민족이 — 비록 그 민족 자신은 중앙의 러시아계 관료의 수중에서 고통받고 있다고 해도 — 다른 소수민족을 억압하도록 허용하는 것이었다. 이제 지금까지 억압당해 온 소수민족이 각성하면서 그들은 주로 자신들의 분노를 다른 소수민족에게 돌리게 됐다. 그루지야 민족주의자들은 모스크바가 자신들을 억압하는 것에 저항하면서도 압하스인들을 억압하기 위해 싸웠다. 우즈베키스탄인들은 스탈린이 우즈베키스탄으로 강제 이주시킨 메스케티아인들을 몰아내기 위한 학살을 시작했다.

지역 당 기구의 일부가 이러한 적대감을 이용하려 한 것은 아제르바이잔에서만이 아니다. 특히 언어 문제가 그런 기회를 제공했다. 지역 언어를 사용하던 일부 관료들은 이 문제를 이용해 매우 실질적인 억압 형태에 맞서 싸우면서 대중의 상당한 지지를 얻었다. 그리고 나서 그 지지를 압력 수단으로 이용해서, 지역 언어를 말하지 않는 관료들, 즉 러시아어나 다른 소수민족 언어를 사용하는 관료들을 희생시키고 자신들의 지위를 끌어올렸다. 그러자 러시아어를 말하는 관료들도 나름대로 이득을 얻었다. 거의 모든 공화국에는 러시아를 말하는 소수의 인구가 살고 있었다. 그들 중에는 지역 언어를 사용하는 사람들 위에 군림하는 매우 특권적인 기관원들과 기업 경영자들도 있었지만 러시아어를 사용하면서도 중공업 분야의 매우 보잘것없는 직업을 가진 노동자들도 많았다.

지역 관료들이 자신들의 목적을 위해 민족주의를 이용하자 일부 좌파들은 민족주의야말로 사태의 주요 원동력이라고 여기게 됐다.[208] 그러한 주장의 궁극적 결론은 "소련이 각각의 민족으로 해체된다면 상황은 지금보다 훨씬 더 나빠질 것이다. …… 그리 되면 발칸 반도와 비슷한 사태가 벌어지고 계급투쟁이 혼란에 빠질 것"이라는 이유로,[209] 또는 소련 해체의 유일한 결과는 맹목적 대량 학살일 것이라는 이유로 소수민족의 자결권에 반대하는 것이다.[210]

이러한 주장은 완전히 물구나무선 것이다. 지역 관료들이 민족적 피해 의식을 이용할 수 있는 것은 이러한 피해 의식이 실제로 존재하기 때문이다. 발트 해 국가들에서 민족운동을 일으킨 것은 지역 공화국의 지배자들이 아니었다. 앞서 살펴봤듯이 고르바초프는 이미 활성화한 민족운동에 양보하지 않으려는 낡은 지배자들을 교체해야만 했다! 벨로루시, 서부 우크라이나, 아르메니아, 몰다비아, 키르기스스탄, 그루지야 등에서 관료들은 민족운동이 이미 움직이고 나서야 그 시류에 편승했던 것이다. 물론 그들은 일단 민족운동에 편승한 다음에는 크레믈린과 대결하는 어려운 방향을 선택하기보다는 지역 소수민족들을 괴롭히는 손쉬운 방향으로 돌리려고 애를 썼다.

지역 간 유혈 사태의 위험에 대한 책임은 60년간 민족적 적대를 부추겨 온 사람들, 즉 주로 러시아어를 말하는 중앙 관료들이 져야 했다. 아르메니아인들과 아제르바이잔인들이 서로 총부리를 겨누게 된다면 그것은 지배 관료들이 두 민족 집단에게 완전한 민족적 권리 — 여기에는 아제르바이잔이 소련에서 탈퇴할 권리와 나고르노카라바흐가 아제르바이잔에서 분리할 권리가 포함된다 — 를 인정하지 않았기 때문이며 또 이들이 대중의 생활에 산재한 긴급한 사회적 문제들을 단 하나도 풀 수 없었기 때문이다.

고르바초프는 좌충우돌했지만 한 가지만은 변함이 없었다. 그는 '민주화'에 대해 수많은 말을 했지만, 중요한 산업 지역인 바쿠에서 분리주의 운동이 발전하지 못하게 저지하는 것이 가장 중요한 일이라고 봤다. 그는 격분한 아르메니아인들이 분리·독립을 말하지만 지형 때문에 행동에 나서지는 못할 것이라고 판단했다. 이 사실을 통해 고르바초프가 왜 그렇게 오랫동안 카라바흐 주민 다수의 민주적 요구를 억압했는지를 알 수 있다. 또 아제르바이잔에서 실질적인 연방 탈퇴 운동이 일어나자마자 그가 아제르바이잔인들을 유혈 진압한 이유도 알 수 있다. 모든 러시아 관료들에게는 민주주의나 민족적 권리에 대한 입발림 말보다 이란과의 국경 검문소가 더 중요했던 것이다. 접경지대 주민들이 원한다면 그런 국경 검문소를 무너뜨리도록 허용할 준비가 돼 있는 정부가 소련에 들어서야만 — 그러한 정부를 이루려면 사회주의

혁명이 필요할 것이다 — 소수민족들도 어떤 정부 아래서 살 것인지를 자유롭게 선택할 수 있을 것이다.

왜 페레스트로이카는 실패하고 있는가

고르바초프의 실패는 개인적 결함 때문이 아니었다. 그 실패는 그가 스스로 설정한 과제 속에 처음부터 깃들어 있었다.

정치적으로, 페레스트로이카는 모순에 의존했다. 세계 최대의 관료제가 흔들려야 했고, 이 일은 관료제 외부에서 압력이 가해지지 않으면 불가능했다. 그러나 다른 한편 그 관료제는 여전히 중앙정부의 요구를 대중에게 강요할 수 있어야 했다. 고르바초프가, 관료들뿐 아니라 2년 전 자신의 사진을 손에 들고 시위를 시작한 대중까지 당황하게 만든 것은 결코 놀라운 일이 아니다. 그는 1950년대와 1960년대의 동유럽 개혁 정부들이 겪은 경험을 그대로 밟아 나가고 있었다.

경제의 실패는 …… 관료 기구 내부에 분열을 초래했다. 어떤 분파는 전면적 개혁을 요구하기 시작했다. …… 특정 시점에 이르자 개혁파 관료들은 기존의 관료 기구를 마비시키고 그것을 접수하기 위해 관료가 아닌 계층(지식인, 언론인, 학생 등)의 도움을

청했다. 그러나 이것은 관료가 아닌 계급(특히 노동자들)이 움직이도록 허용하고 심지어 고무했다. 이들은 처음에는 개혁파 관료들의 뒤에서 움직였으나 갈수록 그들 자신의 요구를 내걸면서 움직이게 됐다. ……

개혁파들은 …… 폭풍을 피하려고 애썼다. 그러나 그렇게 할 수 있는 방법은 사회의 근본적 계급 구조를 다시 강화하는 것뿐이었다. 이것은 노동자들이 쟁취한 성과를 모조리 파괴해야 한다는 뜻이었다. 처음에는 이데올로기적 헤게모니라는 '차가운' 방법이 동원됐다(이것은 1956년에 고무우카가 시도해 성공했고 너지가 시도했으나 실패하고 1968년에 둡체크도 시도했으나 실패한 방법이다). 만약 이 방법이 실패로 돌아가면 무력 탄압이라는 '뜨거운' 방법이 …… 뒤따랐다(예컨대 1956년에 카다르와 1969년에 후사크가 시도한 것).

어느 경우든 관료 기구의 개혁파들은 스스로 풀어놓은 힘에 의해 관료 기구 자체가 완전히 해체되는 일을 막으려면 자신들 안팎의 적들과 그 적들의 방법을 인정할 수밖에 없었다. 개혁파는 국민경제의 최대한의 발전과 모순되는 생산관계를 비록 수정하긴 했지만 다시 강요할 수밖에 없었다.[211]

그러나 고르바초프 — 또는 그를 대체하려는 사람은 누구든지 — 를 괴롭히는 문제들은 동유럽에서 그 문제들을 먼저 겪은 사람들이 봉착했던 것보다 두 가지 점에서 더 심각했다. 첫째, 동유럽의 지배자들에게는 탄압의 길을 선택하면 그렇게 할 수 있는 강력한 외부의 무기가 있었다. 소련 군대의 막강한 무력이 그것이었다. 이 무기는 1월의 바쿠 공격이 매우 생생하게 보여 줬듯이 여전히 존재한다. 그러나 아프가니스탄에서의 패배와 군대 내부의 글라스노스트로 그 칼날은 무뎌졌다. 그 무기가 다시 소련 전역에 질서를 강요하려면 사회 전체의 소요가 진정돼야 할 것이다. 그러나 아직 그런 일은 일어나지 않았다.

둘째로, 경제개혁의 실패는 집행상의 실패만이 아니었다. 개혁의 개념 자체에 결함이 있었다. 그 목표는 소련 경제를 구조조정해서 생산력의 국제적 수준에 적응할 수 있는 부문은 확장하고 그렇지 못한 부문은 폐쇄하는 것이었다. 그러나 이것은 그 과정에서 고통을 겪는 노동자뿐 아니라 관료 개인들에게도 매우 고통스러운 작업이 될 수밖에 없었다.

1970년대 중반에서 1980년대 중반에 영국 경제는 구조조정으로 공장 셋 중 하나를 폐업했고, 1990년의 총산업투자가 1972년의 총산업투자보다 높지 못할 만큼 자본이 파괴됐다. 만약 영국 자본주의가 북해의 원유 수입이라는 거대한 보너스를 얻는 행운이 없었다면 영국 경제의 구조조정은 그만큼 부드럽게 진행될 수 없었을 것이다.

소련 경제는 영국 경제보다 훨씬 더 크며 그 기업들은 60년 동안이나 세계의 나머지 기업들로부터 격리돼 있었다. 그러므로 국제 경쟁에 즉각 개방했을 때 나타날 파괴적 효과는 영국보다 그만큼 더 클 수밖에 없다. 이렇게 되면 살아남아서 경쟁을 벌이는 기업들은 원료나 부품의 공급자나 생산품 구매자를 잃게 돼 상당한 피해를 볼 수밖에 없을 것이다. 즉, 그러한 구조조정은 (시장 찬미자들의 표현과 달리) '기업이 번창할' 여지를 제공하는 것이 아니라 도리어 세계에서 두 번째로 큰 경제에 일련의 블랙홀을 만들어 낼 것이다. 이러한 사태는 우리가 지금까지 본 것보다 훨씬 더 큰 규모의 사회적·민족적 불만을 키우게 될 것이다. 브레즈네프 시대보다는 스탈린 시대와 더 비슷한 수준의 억압을 동반하지 않는다면 말이다.

소련의 개혁파들은 외부의 경쟁에 맞서 국내 산업을 계속 보호하는 한편 내부에 시장 메커니즘을 도입하는 수밖에 다른 도리가 없었다. 그러나 그로 말미암아 거대한 소련 기업들은 독점적 지위나 반^半독점적 지위에서 시장을 좌지우지하면서 전체 경제에 필요한 것보다 자신들이 생산하고 싶은 것을 생산하고 가격도 인상할 수 있게 됐다. 개혁 시도가 불가피하게 인플레이션, 물자 부족 악화, 개혁의 행정적 축소로 이어진 것이다.

마르크스는 언젠가, 인류는 스스로 풀 수 있는 문제만을 제기한다고 쓴 적이 있다. 그러나 그 말은 개인이나 착취 계급에게는 타당하지 않다. 그들은 자신이 도달할 수 없는 목표를 달성하기 위해 노력하도록 강제당한다. 바로 이것이 고르바초프와 소련 국가자본주의가 겪고 있는 일이다. 지배 관료는 경제개혁을 포기할 수도 없고 그것을 성공시킬 수도 없다. 바로 이것이, 소련 내부의 모든 계급의 염원이었던 페레스트로이카가 한낱 우스갯소리로 변질된 이유이며 소련 관료제가 더 강력해지기는커녕 '정체'의 시기보다 실제로 더 취약해진 이유다.

동유럽의 옆 걸음 운동

소련이 유행성 독감에 걸렸고 동유럽 국가들이 폐렴에 걸렸던 1950년대 중반에는 흔히 소련의 온건한 개혁이 부다페스트의 무장 혁명에 길을 열어 줄 것이라고 이야기했다. 1989~1990년에는 이와 다른 길이 열리는 듯했다. 소련 전역에서 수백 명을 죽게 한 격동에 이어 폴란드, 헝가리, 동독, 체코슬로바키아에서 평화적 개혁이 뒤따랐다. 이 사회들의 국가자본주의적 성격을 이해하게 되면 대부분의 동유럽 국가들에서 정치적 이행이 그토록 용이했던 이유를 이해할 수 있다.

이 모든 나라에서 집권당은 행정적 관료 정당이었다. 1970년에는 프라하 노동자의 겨우 6퍼센트만이 당원이었다. 그리고 3년 뒤에는 육체 노동자 8명 중에 1명만이 당원이었다.[212] 1960년대 말의 사회학적 연구는 "당원들은 주로 관료이거나 아니면 독립 전문직 종사자들이다" 하고 결론짓고 있다.[213]

문화적 지식인 분파들 — 이들은 당 기구를 운영하고 있었으며 흔히 '기술적 인텔리겐치아'라고 불렸다 — 이 반대파를 형성하고 있는 곳에서도 국가와 기업은 매우 보수적이었다.[214] 이들의 보수주의는 1956년의 충격 뒤에 낡은 집권당들이 다시 정권을 장악할 수 있게 한 핵심 요인이었다. 이것은 1968년에 체코슬로바키아에서 일어났던 일이기도 하다.

그러나 이 기간 내내 자본축적의 필요성 때문에 동유럽의 기업들과 정부들은 서방 기업들이나 국가들과 긴밀한 연관을 맺을 수밖에 없었다. 그래서 비록 공식 이데올로기는 여전히 달랐지만, 성공한 동유럽 기업들은 성공한 서방 기업들처럼 사물을 보거나 사고하기 시작했다. 그리고 비교적 소규모인 경제들에서는 갈수록, 독점적 지위를 차지한 기업인들이 중앙의 '계획가'들이 무엇을 할 것인지를 결정하게 됐다. 체코슬로바키아의 새 재무부 장관이 쓴 체코슬로바키아 경제에 대한 설명을 보면 1950년대 이래로 어떤 일이 일어났는지를 알 수 있다.

> 거대 독점기업들은 새로 획득한 권력을 사용해 중앙의 계획가들에게 계획의 방향을 명령하기 시작했다. …… 20년 넘게 체코슬로바키아는 단지 '계획을 가지고 장난치고' 있었을 뿐이다.[215]

동유럽 기업인들은 자신의 기업을 성공적으로 운영할 수 있고 또 자본을 축적해 그들 자신의 매우 실질적인 특권을 보호할 수만 있다면 이데올로기 따위에는 큰 관심을 두지 않았다. 그들은 당원 자격을 계속 유지하려 했는데, 그 이유는 당원이라는 사실이 성공에 도움이 됐기 때문이다. 그리고 당은 노동자들의 불만을 진압하는 데 도움을 줬다. 그러나 그들은 당의 공식 신념을 심각하게 받아들이지는 않았다. 전에 슬로바키아의 반체제 인사였던 시메카는 1968년 이전에도 체코슬로바키아 당 내부에 "열렬한 반공주의자, 서방 소비사회 숭배자"들이 있었다고 말한 바 있다.[216]

이런 식으로 집권당과 정부 관료제 내부에서 핵심 간부들의 충성심이 갑자기 바뀔 수 있는 여지가 서서히 마련됐고 사회가 심각한 정치 위기로 진입할 계기가 마련됐다. 물론 최고 경영자들은 결코 반대파가 되지는 않았다. 내가 알기로, 동유럽이나 소련 어디서도 그런 사례는 단 하나도 없다. 거리로 나선 것은 관료들이 아니었다. 그들은, 1980~1981년에 폴란드에서 그랬듯이, 노동자들이 파업할 때는 언제나 정권 편이었다. 그러나 점차 남몰래 신新스탈린주의 지배 이데올로기를 부적절한 것으로 보게 됐고 입발림 말 이상의 이데올로기적 충성은 하지 않았다.

그러나 장기적인 경제적·사회적 경향을 우려하는 것을 직업으로 삼는 소규모의 지식인 집단이 있었다. 정권을 위한 학술·경제·사회 자문위원들이 바로 그들이었다. 1950년대와 1960년대에 이들은 정권이 내놓은 경제 발전 모델을 받아들였다. 전 세계에서 국가자본주의 추세의 수준은 다양했지만, 모든 경제 자문위원들은 '계획'과 국가 소유를 당연한 것으로 여겼다. 좀 더 시야가 넓은 사람들은 기존 경제구조가 다양한 위기 — 특히 과잉 축적과 투자 순환에서 비롯한 반복되는 위기 — 와 낭비를 낳는 경향이 있음을 알고 있었다. 그들의 해결책은 명령 경제를 개혁해서 '개혁 공산주의'로 나아가는 것이었지 서방 자본주의 쪽으로 달려가는 것이 아니었다. 서방 자본주의 자체가 점차 '계획'이라는 용어를 많이 사용하고 있었다.

시간이 흐르면서 이들의 태도가 변하기 시작했다. 세계 체제에 출현하고 있는 새로운 경향들을 이론적으로 표현하는 일군의 경제학자들이 나타났다. 그들은 성공적인 지배계급에게 중요한 것은 국가자본주의를 다국적 경쟁으로 교체하는 능력이라고 봤다. 그들의 이론은 자유 시장 숭배로 바뀌었다. 그들은 스탈린주의 사회 모델에서 이른바 '시장 사회주의'로 이동했다. 머지않아 그들은 '사회주의'(달리 말해 모든 종류의 국가 통제) 자체가 장애물이라고 주장했다.

경제 자문위원들은 지배계급이 어떻게 행동할지를 결정할 수는 없었다. 그러나 그들은 지배계급에게 경제와 사회의 위기가 실제 터졌을 때 대처할 수 있는 방법들을 제시할 수는 있었다. 헝가리의 관변 경제학자들은 모두 1960년대 중반 이후로는 '시장 사회주의'를 철저하게 지지했다. 1970년대 말의 위기는 전에 계획을 지지했던 칼레츠키와 랑게 같은 저명한 사람들을 포함한 폴란드 경제학자들을 똑같은 방향으로 몰아갔다. 1968년 사태 이래로 이데올로기 단속이 심했던 체코슬로바키아조차 학술원 예측 연구소를 만들어 자국 경영자들에게 대안적 길을 제시했다.

그래서 동유럽 '공산주의'라는 건축물이 붕괴하는 데는 외부의 압력이 별로 필요하지 않았던 것이다. 카다르 추종자들, 호네커 추종자들, 야케시 추종자들 같은 최고위층의 노쇠한 사람들, 즉 일국적으로 폐쇄된 명령 경제에 기초한 낡은 축적 방식에 평생을 바쳐 온 사람들은 배신이라며 고래고래 소리치고 때로는 경찰에게 발포 명령을 내리는 몽상을 하기도 했다. 그러나 그들 하부의 핵심 구조들은 이미 ― 적어도 개인적으로는 ― 경제학자들이 주장하는 새로운 다국적 자본주의의 상식을 받아들인 사람들이 운영하고 있었다. 서둘러 소집된 중앙위원회가 보수파들을 제거하고 그 다음에 지역적·민족적 당 회의에서 중앙위원들을 제거하기 위해 필요했던 것은 경제적 위기 전망과 맞물려 벌어진 다양한 수준의 평화적 대중 시위뿐이었다.

경찰의 보복을 무릅쓰고 거리로 나선 학생들, 지식인들, 특히 노동자들이 적극적으로 용감하게 주도력을 발휘하자 지배계급도 자신들의 낡은 집권당에 맞서 수동적으로 소심하게 그러나 결정적인 반란을 일으켰다. 그래서 대중은 모든 것을 매우 쉽게 쟁취했다고 느끼게 됐다. 그러나 지배계급의 핵심 권력은 전혀 손상되지 않고 그대로 남아 있었다.

지배계급과 집권당은 결코 동일한 것이 아니다. 집권당은 지배계급을 대변하면서 사회의 나머지 부분들에 맞서 지배계급 공동의 목표를 달성하는 데 도움이 되는 공동의 규율을 통해 지배계급을 결속시킨다. 그러나 계급은 심지어 당이 뿔뿔이 해체됐을 때조차도 계급의 권력과 특권의 원천, 생산수단에 대한 통제력을 보존할 수 있다. 이것은 독일, 이탈리아, 포르투갈, 스페인에서 파시즘 정당이 몰락한 이후에 나타났던 현상이다. 이곳들에서 경찰서장들, 군 장교들, 정부 각료들, 기업인들을 결속시켰던 공식적 연결망은 해체됐다. 그러나 비공식적 연결망은 남아 있었다. 그리고 피지배계급에 맞서 그들에게 공동의 계급 목표를 부여했던 축적 드라이브도 남아 있었다. 오래지 않아서 그들은 옛 집권당과 자신들의 이익을 방어할 수 있는 새로운 집권당을 건설할 수 있었다.

동유럽에서 지난 6개월 동안 낡은 집권당들이 하나하나 붕괴했다. 그러나 변화가 일어났지만 기업 우두머리들, 각료들, 장군들, 심지어 경찰서장들도 대부분 예전의 자리에 그대로 앉아 있다. 그들은 지금도 새로운 정당들 중에 어느 정당을 후원해서 집권하게 할 것인지 논의하고 있다. 그리고 이 새로운 정부가 자신들의 새로운 자본축적 모델을 확실히 실시하도록 만들기 위해 애쓰고 있다.

다국적 자본주의와 동유럽의 반대파들

자본주의 지배의 한 형식에서 다른 형식으로의 부드러운 이행은 결코 지배계급의 태도에만 달려 있는 것이 아니다. 이행을 촉구하는 압력이 존재하는 이유는 낡은 지배 형식의 위기가 대중의 엄청난 불만을 자아내기 때문이다. 그러나 이행 자체는 과거에 이 불만을 제어했던 메커니즘, 즉 지배계급의 정치적·이데올로기적 기구들의 파괴를 수반한다. 축적의 수준과 그 축적을 지속하는 데 필요했던 억압의 수준이 크면 클수록 이 파괴를 이용하는 대중이 그동안 쌓였던 고통을 거대한 분노와 행동으로 폭발시켜 지배계급 개혁파의 모든 계획을 혼란에 빠뜨릴 가능성도 그만큼 커진다. 지배계급이 결정적 순간에 과거에 박해했던 바로 그 반대파의 지원을 얻고자 하는 것은 바로 이 때문이다. 즉, 오직 반대파만이 대중을 통제해 부드러운 이행을 보장할 수 있는 대중적 신망을 갖고 있기 때문이다.

폴란드에서 옛 집권당의 지도적 당원이었던 레세크 밀러는 정부가 연대노조에 자리를 내준 논리를 이렇게 쓰고 있다.

> 연대노조 정부는 자신들의 노조 조직이 활발하게 활동하고 있는 거대 기업 몇 개를 폐쇄해야 할 것이다. 이것은 노동자들의 강력한 저항을 부를 것이다. 우리는 이것을 여러 번 시도했지만 그

반발이 두려워서 매번 유보했다. 마조비에츠키는 이 문제를 처리해야 할 것이다.

경제 상황은 아마도 더욱 나빠질 것이고 극단주의자들이 부상할 것이다. 반란이 시작될 것이고 나라는 마비될 것이며 폭력은 아마도 유일한 탈출구가 될 것이다. …… 총리 마조비에츠키가 야루젤스키 장군에게 계엄령 선포를 요청하는 상황이 벌어질 수도 있다.[217]

러시아의 친시장 개혁파인 클리암킨은 아래로부터의 폭발을 통제할 수 있는 대안적 구조가 없기 때문에 권위주의적 지배가 여전히 필요하다고 계속 주장하고 있다. "우리는 이른바 시민사회, 즉 국가로부터 독립적인 사회를 갖고 있지 않다. …… 우리에게는 권력을 양도할 곳이 없는 것이다."[218] 달리 말해서, 자본주의 지배의 새로운 형식에 헌신할 사람들이 지배계급 사이에 아직 충분히 많지 않다는 것이다. 또, 똑같은 목표를 위해 헌신할 '비공식적' 반대파 조직들이 대중 속으로 파고들어야 한다는 것이다. 국가자본주의 지배계급을 정복한 이데올로기가 그 가장 치열한 적이었던 사람들도 정복해야 한다는 것이다. 따라서 1960년대와 1980년대 사이에 동유럽 국가들의 반대파 집단 내부의 지배적 사상이 바뀐 것이다.

1950년대 중반의 반란에서 반대파 세력을 주도한 사람들은 스탈린주의 사회 모델을 대체할 모종의 '사회주의' 대안 모델에 대해 이야기했다. 헝가리 혁명 때는 전쟁 이전 상태로 돌아가자거나 서방의 소유 형태를 모방하자고 요구하는 사람이 거의 아무도 없었다. 임레 너지 정부 주변에 포진한 세력들은 기존 체제의 개혁 노선을 지지하고 있었다. 좀 더 급진적인 거리의 투사들과 노동자평의회의 대의원들은 이러한 모델을 믿지 않았다. 그들은 국가와 기업에 대한 직접적·민주적 통제를 요구했다. 그들은 사적 소유에 대해 이야기하지 않았다(다만 '집단농장'의 토지를 노동자들끼리 나눠 갖는 것은 예외였다). 1956년 폴란드의 '10월'에는 새로운 고무우카 정부 지지자들과 정부에 반대하는 '좌파' 지지자들이 〈포 프로스투〉를 중심으로 모여서 '개혁 공산주의'를 지지했다. 1968년 말에도 폴란드의 신新스탈린주의와 체코슬로바키아의 '정상화'에 반대한 가장 급진적 세력은 지배 질서의 가짜 사회주의에 맞서 진정한 사회주의에 대해 말했다.[219]

기존 국가자본주의에 대한 유일한 대안은 계획과 주요 생산수단의 국가 소유가 모종의 급진 민주주의와 결합된 사회뿐인 듯했다. 반대파 내부의 논쟁은 급진 민주주의의 수준, 즉 노동자평의회가 기존 국가와 나란히 존재하면서 그 국가에 조언하고 통제하고 함께 일해야 하는지, 아니면 그 국가를 대체하려 해야 하는지에 관한 것이었다.

이런 논쟁 구도는 1970년대를 거치면서 변했다. 폴란드에서 쿠론과 모젤레프스키는 두 번의 장기 투옥과 한 번의 강제 연금 생활을 거친 후에 반대파 정치 활동에 복귀했으나 전에 자신들이 옹호했던 혁명적 견해를 버리고 '자기 제한적' 혁명을 옹호했다. 아담 미흐니크는 ≪좌파와 교회≫라는 장편 연구서를 집필했는데 거기에서 그는 시민권의 옹호라는 흔한 주장을 지지하면서 낡은 좌우 논쟁을 벗어나자고 주장했다.[220] 헝가리에서는 스스로 마르크스주의 전통에 속한다고 주장하는 '신좌파'가 1970년대 초에 공개적 반체제 활동의 재등장 과정에서 중요한 구실을 했지만, 몇 년 뒤에 대부분 사회주의적 전망과 결정적으로 결별했고, 오늘날에는 주로 자유민주당에 가입해 있는 듯하다. 자유민주당은 자유 시장 경제만이 자유민주주의 가치와 양립할 수 있다고 보는 정당이다.[221] 체코슬로바키아에서 페트르 울 같은 혁명적 사회주의자 개인들은 일당 지배가 붕괴할 때까지 줄곧 반대파 운동에서 두드러진 구실을 했지만, 반대파의 일반적 태도 변화는 바츨라프 하벨의 말 속에 잘 요약돼 있다. 그는 1970년대 중반부터 '사회주의'가 의미 있는 용어라고 생각하지 않게 됐다고 말한다.

반대파는 스탈린 체제의 참상이 '유토피아적' 계획의 위험을 입증하는 증거라고 설명하거나[222] 지정학적 현실(다시 말하면 소련 권력)을 고려해야 한다고 지적하면서 자신들의 이데올로기 변화를 정당화하려 한다.[223]

그러나 그 어떤 주장도 그들의 변화를 온전히 설명해 주지는 못한다. 스탈린 체제의 참상은 1950년대 중반 이래로 동유럽에서 잘 알려져 있었던 것이다. 그리고 '지정학적 현실'을 고려해야 한다는 주장도 소련 군대의 개입 능력의 약화와 함께 의미를 상실했다. 실제로 일어난 일은 반대파가 대부분 기존 사회질서의 새로운 대안, 즉 기존 지배자들의 상당수가 받아들일 만한 설득력 있는 대안을 찾기 시작했다는 것이다. 물론 그 대안이란 기업을 경영하는 사람들이 당이나 국가 관료들의 개입 없이 일국 내에서, 그리고 국제적으로 경쟁하는 그러한 사회질서였다. 어느 누구도 그렇게 분명히 표현하지는 않았지만 그것이 의미하는 바는 옛 노멘클라투라의 국가자본주의 축적 방식이 새로운 다국적·시장적 방식에 길을 내줘야 한다는 것이었다.

이것은 폭력적 충돌의 위험을 전혀 수반하지 않는 정치 변혁 전망이다. 이 전망 속에서는 매우 제한적인 대중의 압력과 협상을 결합해 낡은 일당 체제를 해체할 수 있다.

그런 생각을 처음 발전시킨 사람들은 바르샤바의 지식인 집단이었다. 이미 1980~1981년의 열광적인 시절에 연대노조에 조언하던 지식인 반대파들과 정부 자문위원들 사이에 의견 일치가 있었다. 1980년 8월에 그단스크에서 열린 양측의 첫 번째 협상에 참석했던 야드비가 스타니슈키스는 이렇게 적고 있다.

양측의 전문가들은 …… 모두 어느 정도는 똑같은 바르샤바 집단이었다. 정부 측 전문가들은 약간 비판적이지만 근본적으로는 정부에 충성하는 전문가들이었다. 우리는 그들보다는 좀 더 노골적으로 비판적이었지만, 그 비판들도 [당 서기인 — 하먼] 기에레크의 '겉치레' 자유화라는 틀 안에 수용될 수 있었다. 만약 정치적 태도만이 문제였다면 우리는 매우 쉽게 견해를 바꿀 수 있었다.[224]

1981년을 거치면서 국가의 위기가 악화하자 연대노조의 가장 영향력 있는 지도자인 레흐 바웬사는 기존 지배자들의 '개혁'에 협력한다는 생각을 지지했다. 그러나 지배계급 내부의 핵심 인물들은, 연대노조 조합원들이 너무나 적의에 차 있고 또 자신만만해서 그러한 합의의 경제적 비용을 묵묵히 떠맡지는 않으리라는 점을 알고 있었다. 1981년 12월에 그들은 연대노조의 힘을 깨뜨리기 위해 군사적 방법을 사용했다. 그러나 군사적 방법으로도 경제 위기를 끝낼 수 없었다. 1987년이 되자 정권 내부와 반대파 내부에는 '위기 극복 협약'을 체결하고자 하는 중요한 세력들이 형성됐다. 정권 측에서는 국가자본주의에서 '다국적 시장 자본주의'로의 실용적 조정이 상당히 많이 진행돼, 전에 노멘클라투라였다가 이제는 성공한 사적 기업인으로 변신한 사람이 산업부 장관이 됐다. 연대노조 측에서는 한때는 노조 투사였으나 이제는 노동자들의 능력에 대한 신념을 잃어버린 노조 지도부가 그러한 거래를 진지하게 모색할 태세가 돼 있었다. 그리고 이들은 완전한 서방식 경제를 설파하는 경제학자들을 자신들의 자문위원 역으로 환영했다.

대다수 반대파는 그렇게 노골적이거나 냉소적으로 생각하지 않았다. 각 나라에 대략 200명쯤 되는 강경한 반체제 인사들은 대부분 억압적인 일당 체제에 대한 깊은 증오심에 의해 움직였고, 그런 체제를 대체할 가장 쉬운 대안을 원했을 뿐이다. 그리고 노멘클라투라 자본주의를 다국적 자본주의의 부속물로 변형시키려 하는 '시장' 경제학이 이러한 것을 약속하고 있는 것처럼 보였다. 서방의 언론인인 티머시 가턴 애시는 1989년 11월 중순에 체코 시민포럼의 일일 회의에 참석했다. 그는 경제정책에 대한 결정이 어떻게 내려졌는지를 이렇게 설명한다.

참석자는 대부분 전에 반대파 활동에 적극적이었던 사람들이다. 그중에 가장 큰 단일 그룹은 77헌장의 서명자들이었다. 20년 전에 시민포럼의 참석자들은 언론인, 학자, 정치가, 변호사 등이었다. 그러나 지금의 시민포럼 참석자들은 기관차 화부, 창문 청소부, 점원 등이거나 가장 상층이라고 해야 해직 기자 정도다. …… 그중의 몇 사람은 방금 감옥에서 출소한 사람들이다. …… 정치적으로 볼 때 참석자들은 신新트로츠키주의자인 페트르 울에서 매우 보수적인 가톨릭 신자인 바츨라프 베나에 이르기까지 다양하다. ……

그중에는 중요한 집단의 대표자들도 있다. 학생 대표도 있고 …… 연예인 대표도 있고 …… 프라하의 거대한 중공업 복합기업인 CKD의 기술자인 페트르 밀러를 중심으로 하는 노동자 대표들도 있다. …… 내가 선지학파Prognostic라고 이름 붙인 체코슬로바키아 학술원 예측연구소 성원들도 있다. ……

선지학파는 사실은 경제학자들이다. 그들의 특별한 신비감은 경제가 앞으로 어떻게 되어야 하는지를 알거나, 스스로 안다고 믿거나, 그들이 안다고 남들이 믿는 데서 비롯한다. 이 주제는 보통 사람들의 비상한 관심을 끄는 문제다. 그렇지만 이 문제에 대해서는 철학자, 시인, 연예인, 역사가 등 여기에 모인 대부분의 사람들이 비소차니 전차에서 일하는 평범한 노동자들보다 잘 모른다. …… 명석한 만큼 거만한 바츨라프 클라우스 박사는 밀턴 프리드먼의 해법을 좋아한다. 그의 동료이면서도 그보다는 겸손한 토마스 예제크 박사는 그와 달리 프리드리히 폰 하이에크의 사도使徒다. ……[225]

얼마 지나지 않아 벤체슬라스 광장에서 열린 어떤 집회에서 경제학자들 중의 한 사람은 총리직에 오르기 위한 노력으로 보이는 일을 꾸미고 있었다.

한 학생이 여러 학생들이 보낸 편지를 읽어 내려갔다. 그 편지는 학생들이 대통령에게 아다메츠를 코마레크로 교체하도록 청원하는 것이었다. 거기에는 "판 도첸트 코마레크는 프로그램을 갖고 있습니다" 하고 씌어 있었다. 광장에 서 있는 모든 사람들의 눈에 그것은 시민포럼이 총리 후보를 내세우고 있는 것으로 보였을 것이다. 그러나 매직 랜턴 극장으로 가보면 시민포럼이 전혀 그러하지 않았다는 것을 알게 된다.[226]

이 사건이 보여 주는 흥미로운 점은 이 과정에서 어느 누구도 코마레크가 과거 오랫동안 집권당의 당원이었다는 점을 언급하지 않았다는 것이다. 1968년의 개혁 운동과 77헌장 운동의 종결을 선언할 의사가 없고서야 체코슬로바키아에서 그런 일이 일어나는 것은 사실상 불가능했다. 만약 다른 사람이 그런 배경을 가진 사람이었다면 학생들이 크게 의심했을 것이다. 그렇지만 그는 경제적·정치적 위기를 극복할 마술적 치유책을 제공할 것으로 보이는 경제학자였기 때문에 그러한 의심을 받지 않았다. 코마레크는 아직 총리직에 오르지 못했다. 그렇지만 그는 경제문제를 담당하는 부총리가 됐다. 그는 지금 이 직책을 이용해 체코인들과 슬로바키아인들에게 주택 문제를 해결하는 방법은 영국에서 대처가 사용한 방법을 모방하는 것이라고 설교하고 있다.[227]

이와 비슷하게, 극단적인 '자유 시장' 관점을 견지하는 연대노조 자문위원들이 바르샤바의 경제 각료직에 앉아 미국인 경제학자 제프리 색스의 충고를 듣고 있다. 그리고 사회민주주의 경향의 쿠론은 노동부 장관이 되어 그러한 정책들의 결과에 대한 노동자들의 저항을 중단시키려 하고 있다.

동독에서 1989년 10월의 첫 번째 시위에 위험을 무릅쓰고 참여했던 대다수 사람들은 서방을 극단적으로 불신하고 있었다. 그러나 그들도 시장경제로 이동해야 한다는 사실은 당연한 것으로 받아들였다. 이것은 운동의 좌파에게도 해당되는 것임이 틀림없다. 즉, "통일좌파 사람들도 대부분 어느 정도의 시장과 외국 자본이 필요하다고 말한다. 시장 사회주의 경향이 매우 강력하다."[228] 이런 생각 때문에 좌파는, 서독에서 온 사회민주주의자들, 옛 위성 정당의 당원들, 동독의 기업주들이 노동자들에게 서독 국가로 합병되면 모든 사람의 문제가 마술처럼 해결될 것이라고 말했을 때 반박하기 힘들었던 것이다.

1990년대의 전망

대중적 반대파 운동이 애초의 목표들을 달성했을 때는 언제나 도취감이 있기 마련이다. 그 승리 과정에서 유혈 사태가 적으면 적을수록 도취감은 그만큼 커진다. 1830년과 1848년 2월에 파리에서, 1917년 2월에 페트로그라드에서, 1918년 11월에 베를린에서, 1974년 4월에 리스본에서 그랬다. 그리고 1989년에 동유럽 각국의 수도에서도 그랬다.

그러나 도취감은 오래 지속되지 못한다. 승리가 쉬웠던 것은 피착취 대중과 착취 계급의 한 분파가 추구하는 목표들이 일시적으로 일치했기 때문이다. 구체제 내부의 개혁 지지자들은 결정적 순간에 군대가 발포하지 못하게 했고 그래서 무혈의 변화가 가능하도록 만들었다. 그러나 그들이 원하는 개혁은 낡은 착취 방식의 지속을 당연한 것으로 여긴다. 반면 인민대중은 적어도 그런 착취 방식이 개선되기를 원한다. 처음의 혁명적 시기에 누렸던 일반적 도취감은 곧 쓰라린 논쟁과 깊은 환멸에 길을 내주게 된다.

처음에 쓰라림과 환멸은 낡은 질서에 맞서 커다란 위험을 무릅썼던 사람들 사이에서 가장 깊이 나타난다. 그들은 맨 마지막에 혁명적 조류에 편승한 사람들이 핸들을 조정하고 있고 오히려 자신들은 정치 생활의 언저리로 밀려나 있음을 깨닫는다. 폴란드에서 정부에 영향력을 행사하고 있는 것은 1988년의 파업 기간에 장기형을 무릅쓰고 싸운 노동자들이 아니라 연대노조의 지식인 자문위원들이다. 동독에서 정치를 주도하고 있는 사람들은 신新광장(노이에스 포룸)이나 통일좌파의 오래된 활동가들이 아니라 구체제의 위성 정당들에서 안전하게 경력을 쌓은 사람들이나 서독 사회민주당이 국경 너머로 보낸 기술자 출신의 고급 관료들이었다. 체코슬로바키아에서는 거리에서 경찰봉에 얻어맞으며 싸웠던 학생들이 아니라, 싸움의 대세가 정해지기 전까지 집권당을 떠나지 않았던 경제학자들이 정부 직책들을 운영했다. 루마니아에서는 차우셰스쿠가 도망칠 때까지 혁명에 가담하지 않았던 장군들과 전직 당 기관원들이 벌써, 허가받지 않은 시위에 참여하는 사람들을 투옥하겠다고 위협하고 있다.

그러한 상황에서 예전의 반대파 활동가들이 배신감을 느끼기란 너무나 쉽다. 그들은 뒤늦게야 혁명에 참여한 사람들에게 배신당했을 뿐 아니라 인민대중에게도 배신당했다고 느끼고 있다. 이미 폴란드와 동독의 활동가들은 진정한 혁명을 수행할 절호의 기회를 놓쳐 버렸다고 생각하면서 마치 사회적·정치적 소요의 시대가 끝나 버린 것처럼 탄식하고 있다. 그러한 감정은 두 가지의 무익한 방향으로 나아갈 수 있다. 하나는 사기가 저하돼 활동을 그만두는 것이고, 다른 하나는 대중의 지지를 받지 못하는 행동으로 새로운 질서와 대결하는 모험적 시도를 감행하는 것이다.

두 경우 모두 지배계급이 여전히 거대한 문제들에 봉착해 있다는 사실을 망각하고 있다. 지배계급은 국가자본주의에서 다국적 자본주의로 이행하려 하는 정부를 갖고 있다. 그렇지만 그러한 이행은 결코 쉽지 않다. 이행의 시대는 경제적·사회적 충돌이 반복되는 시대일 가능성이 크다. 비록 그런 대결의 심각성은 나라마다 다르겠지만 말이다.

지금도 동유럽 여러 나라들은 소련에서 고르바초프의 경제개혁을 괴롭히는 것과 비슷한 경제문제들에 직면해 있다. 동유럽 각국에는 세계시장에 완전히 개방되면 결코 버틸 수 없는 산업부문이 많다. 그리고 새로운 상황에서 번창하는 부문들이 다른 부문들의 붕괴로 생겨난 국민경제의 결함을 보완할 만큼 빠르게 성장할 수 있으리라는 보장은 전혀 없다.

동유럽에 새로 들어선 정부의 경제학자들은 서방의 투자가 자신들을 도와주지 않을까 기대하고 있다. 유럽공동체와 일본 총리가 떠들썩하게 공언했지만 지금까지 서방의 투자는 아주 작은 규모에 불과했다. 〈파이낸셜 타임스〉가 최근에 보도했듯이,

문이 열리자마자 돈이 홍수처럼 쏟아져 들어올 것이라는 동유럽의 생각과 달리 서방 기업은 매우 조심스런 태도를 취하고 있다. 임금 수준이 서방의 3분의 1이나 그 이하인데도 동방 블록의 나라들은 투자를 유치하기 위해 세계의 다른 지역들과 경합을 벌여야 한다. 서독 다국적기업의 한 중역은 회사 임원들에게 동유럽이 장점이 많다고 설득하기가 쉽지 않다고 한다.

결국 실질적 투자 규모는 여전히 미미할 것으로 보인다. 최근에 제너럴일렉트릭이 헝가리의 퉁스램을 1억 5000만 파운드에 사들였는데 이와 같은 대규모 입찰은 매우 드물어서 동방 블록에 대한 서방의 투자가 대부분 단지 소규모 자본만을 포함할 뿐이라는 사실을 가릴 수는 없을 것이다.[229]

서방 투자가들은 동방 블록에서 정치적 불안정의 시대가 끝났다고 보지 않는다. 그리고 그들은 자신들이 돈을 대서 동유럽에 건립한 공장들이 생산품을 서방에 판매하는 데 어려움을 겪지 않을지 우려하고 있다. 왜냐하면 1970년대에 폴란드에서 대규모로 투자했다가 바로 이런 일이 발생했기 때문이다.[230]

심지어 저임금조차 언제나 흔히 생각하는 만큼 그렇게 큰 매력인 것도 아니다. 세계의 다른 지역들 중에는 임금이 동유럽보다 더 낮은 곳도 있다. 게다가 임금의 구매력은 내구소비재나 전자제품으로 환산해 보면 낮은 것이지만 식품, 편의품, 난방, 연료 같은 필수품으로 환산해 보면 그렇게 낮은 것도 아니다. 세계시장에 개방된 지역에서 이 물품들의 가격은 국제 수준으로 인상될 것이다. 그리고 그렇게 되면 노동자들은 일당 지배에서 벗어나 얻은 자유를 임금 인상을 요구하는 데 사용할 것이다.

레흐 바웬사는 미국 기업인들에게 주당 10달러로 폴란드 노동자들을 고용할 수 있다고 말할지 모른다. 그러나 그럴 수 있는 이유는 그 정도 달러면 바르샤바에서는 뉴욕에서 살 수 있는 것의 열 배에 해당되는 기본 식료품과 서비스를 살 수 있기 때문이다. 바로 이런 현실이야말로 폴란드 경제 각료들이 하루빨리 바꾸고자 하는 점이다.

이행에 내포된 경제문제들은 모든 동유럽 나라의 일반적 문제다. 그러나 어떤 나라에서는 다른 나라보다 문제가 훨씬 더 첨예하다. 폴란드와 헝가리의 지배계급에게는 과거의 외채가 커다란 짐이다. 수출이 획기적으로 빠르게 증가하지 않는다면 이자 지급이 이 나라들의 수출 소득을 대부분 먹어 치울 것이다. 그리고 서방이 제공한 '원조'는 대부분 추가 차관의 형식이기 때문에 여기에도 추가 이자를 지급해야 할 것이다. 그래서 이들은 수많은 대중에게 매우 힘겨운 고역을 지우는 긴축정책을 펼치면서 다국적 자본주의로의 이행을 준비하는 수밖에 다른 도리가 없는 것이다. 헝가리 정부는 정치적 취약성 때문에 자신의 계획을 아직 실행에 옮기지 못하고 있다. 그러나 폴란드 정부는 IMF와 협의해서 식료품, 연료, 주택 가격을 전보다 몇 배나 높은 '경제적 수준'으로 올리고, 실질임금을 25퍼센트 삭감하고, 100만 명 이상의 실직자를 만들어 낼 조처들을 이미 실행에 옮겼다. 보도에 따르면 벌써 상점 앞의 줄이 사라지고 있다고 한다. 사람들이 상점 안에 있는 상품들을 살 여유가 없는 것이다. 그러는 동안에 농민들은 식량 수요가 감소해 많은 농민들이 파산으로 내몰리고 있다면서 격렬하게 불평을 터뜨리고 있다.

일당 지배가 붕괴했을 때 동독은 폴란드나 헝가리가 부딪혔던 것과 같은 외채 문제는 없었다. 그러나 18개월 전에 소련 경제학자들이 이미 예측한 경제 위기의 가능성은[231] 하루에 2000명의 숙련 노동자들이 서독으로 떠나면서 서비스가 악화하고 물자 부족이 나타나는 쓰라린 현실이 됐다. 대중은 서독으로 합병되는 것만이 유일한 해결책이라고 생각하게 됐다. 동독의 가장 성공적인 콤비나트(거대 기업)의 사장들이 저마다 서방 기업들과의 직접적 연계를 강화한 것이 그런 생각을 더욱 부추겼다. 그러나 통일은 지금 통일을 큰 소리로 요구하는 바로 그 노동자들의 엄청난 불만을 자아내기만 할 것이다. 동독의 식료품, 교통, 연료, 주택의 가격은 서독 수준에 이를 때까지 몇 배씩 올라야 할 것이다. 그러나 서독의 자본은 자신들이 보기에 이미 폐물이 돼 비효율적인 동독 공장들에서 일하는 노동자들에게 인상된 가격을 따라잡을 수 있을 만큼 충분한 임금을 주려 하지는 않을 것이다. 그들은 아마 그 공장들을 폐업 처분하고 ─ 비슷하게 노후한 루르 지방의 공장들을 그렇게 했듯이 ─ 그 공장의 노동력을 나머지 지역을 위한 값싼 노동력의 저수지로 전환시키는 방법을 택할 것이다. 그래서 유럽공동체의 어떤 보고서는

> 첫해의 실업률을 15퍼센트로 예측하고 있지만 실질적으로는 실업률이 이보다 더 높을 것으로 보고 있다. 이 보고서는 서독에서 수입품이 쇄도해서 동독의 [물가·수출입 등의] 조정하는 문제가 더 악화할 것이라고 경고한다. …… 가격 개혁 이후 동독의 평균임금은 서독의 평균임금이 월 2400도이치마르크일 때 월 1400도이치마르크에 이를 수 있다. 임금 소득자 개인에게 서독으로부터 300도이치마르크의 소득 이전이 추가되면 평균임금은 서독의 70퍼센트 수준까지 오를 수 있다. ……

그러한 이전은, 비록 그렇게 높은 것은 아니지만, 불가피하게 서독 재정을 긴장시킬 것이다. 그렇게 되면 독일과 유럽공동체 모두 심각한 사회적 위험과 예산상의 위험에 직면할 것이다.[232]

서독 재무부 장관조차 "동독으로 도이치마르크가 유입되면 실업률이 높아지고 공장이 문을 닫을 수밖에 없고, 따라서 사회보장제도가 필요해질 것"이라고 생각한다.[233]

루마니아와 불가리아는 대부분의 서방 산업가들과 금융가들의 계획 속에서 거의 언급조차 되지 않고 있다. 그들은 루마니아와 불가리아가 너무 낙후하고 또 주요 시장에서 너무 멀어서 실질적 이익을 볼 수 없다고 보고 있다.

체코슬로바키아에서 경제 각료를 지내고 있는 사람들 중의 일부는 자국의 문제들이 — 예컨대 — 폴란드처럼 심각하지는 않다고 주장한다. 그리고 이들은 구조조정이 완전고용이나 충실한 복지 제도의 유지와 양립할 수 있다고 주장한다. 이와 달리 또 한 사람의 저명한 개혁파는 체코슬로바키아는 "대처 총리 같은 사람이 필요하다"고 말한다. 이 나라는 인구가 비교적 적어서 서방 경제들 속에서 자국산 수출품을 판매할 틈새를 발견할 수 있을지 모른다. 그러나 그러한 경우에도 체코슬로바키아의 기업주들은 구조조정 비용을 노동자들에게 떠넘기기 위해 압력을 가할 것이고 그렇게 되면 저항의 물결이 일게 될 것이다.

동유럽의 조그마한 국가자본주의들은 세계 질서의 새로운 거인들과 경쟁에 직면해 산산이 해체됐다. 그렇다고 해서, 그들이 스스로 거인으로 변신할 수 있다거나 어떻게든 거인들의 발아래에서 봉사하는 데 스스로 적응할 수 있다는 말은 아니다.

　개별 국가들의 상황과 무관하게 현실을 객관적으로 살펴보면 한 가지 사실이 두드러진다. 많은 노동자 대중이 변화의 성과로 기대한 것과 실제의 변화 사이에 커다란 격차가 있다는 사실이 그것이다. 동유럽의 국가들은 서유럽의 국가들 중 가장 번창한 국가들에 인접해 있어서 대중이 서방 형태의 자본주의를 스칸디나비아 반도나 서독의 생활수준과 같은 것으로 여기게 됐다. 그러나 동유럽에서 그러한 생활수준은 있을 법하지 않다. 어느 지점에 이르면 부풀려진 기대와 가혹한 현실 사이의 충돌이 불가피하게 일어날 것이다.

　동유럽의 경제학자들은 시장이 모든 문제들에 대한 마술적 해결책이라고 설교한다. 그리고 그들은 다국적 자본의 시대는 모든 계급에게 ─ 비록 정도는 다르지만 ─ 번영을 가져오는 무한한 경제성장의 시대라고 설교한다. 이러한 설교만큼 진실과 거리가 먼 것도 없을 것이다. 거대 기업들은 세계 수준의 경쟁 때문에 국민 경제의 특정 부문들을 육성하는 한편 다른 부문들이 고사枯死하도록 내버려 둔다. 경쟁 때문에 그들은 갑자기 공장 문을 닫고 노동자들을 해고하고 지역 전체를 황폐하게 만드는 주기적인 구조조정 소동을 벌인다. 그들이 필요한 원료와 숙련노동을 찾아서 전 세계를 돌아다니면 경쟁적 축적이라는 광란(호황)이 찾아오지만 곧이어 갑자기 정체(경기후퇴)가 시작되면 대부분의 신식 공장들은 놀게 되고 엄청난 건설 사업들은 미완성인 채 중단된다. 그러면 그들은 마치 화전농법을 산업사회에 적용하듯이 기존의 노동계급 공동체들을 해체하고 불태우면서 더 수익성 있는 곳을 찾아 끝없이 돌아다닌다.

이 모든 것은 동유럽의 새로운 정치 지도자들에게 전례 없는 어려움을 야기할 수 있다. 그들은 어떻게 해서든지 낡은 착취와 억압 형태를 더는 참으려 하지 않는 노동자들이 새로운 착취와 억압 형태를 받아들이도록 만들어야 한다. 때로 그들은 노동자들이 극단적 박탈의 조건에 직면해 있을 때 이런 일을 해내야 할 것이다. 따라서 그들이 성공하리라는 보장은 어디에도 없다.

국가자본주의에서 다국적 자본주의로 이행할 때 부딪히는 객관적 문제들이 가장 심각한 곳은 소련이다. 동유럽에서는 관료제를 해체하지 않고 손쉽게 이뤄졌던 정치적 변화마저 소련에서는 불가능하다. 소련은 동유럽 나라들보다 훨씬 더 크고 따라서 관료 집단 역시 동유럽보다 훨씬 더 크기 때문이다. 소련의 기업들은 직접적 대외 경쟁으로부터 더 많이, 더 오랫동안 보호받았다. 이러한 사정 때문에 소련에서는 세계 수준에서 볼 때도 효율적인 소수의 기업들이 효율성이 전혀 없는 다수의 기업들과 복잡하게 한데 얽혀 존재하게 됐다. 지난날 소련의 지배자들은 경제적 취약성을 군사력으로 보완할 수 있었다. 그렇게 해서 그들은 자기보다 경제 규모가 두 배나 큰 미국에 필적하는 군수 부문을 창출했다. 그러한 구조를 해체하려는 시도 때문에 그것의 개별 구성 부분들은 허공에 뜨게 됐다. 경제 위기와 정치 위기가 동시에 분출하고 있다.

소련이 당면한 경제적 곤경은 다음 10년 동안 서西시베리아에 새로운 석유화학 단지를 건설하려는 계획을 둘러싸고 지난해 벌어진 논쟁에 의해 집약된다.

소련에서 심화하는 생산 위기와 소비재 사용의 위기 때문에 일군의 고참 소비에트 과학자들은 가장 큰 국가투자 중의 하나를 폐기하라고 요청할 수밖에 없었다. 그것은 앞으로 10년 동안 서시베리아의 원유 지대에 5개의 석유화학 프로젝트를 구축하는 사업이었다. 그것은 미국, 일본, 서독, 이탈리아 기업들과의 합작 사업으로 계획돼 있었다.

과학자들은 그 프로젝트에 애초 예정한 410억 루블의 갑절이 들어갈 것이라고 주장한다. …… 조업이 개시되면 [그것은 — 하먼] 플라스틱과 폴리머*의 세계 가격을 끌어내릴 것이다. …… 무엇보다 그들은 그 투자가 매우 필요한 여타의 화학 산업에 대

---

* polymer. 염화비닐, 나일론 따위의 중합체.

한 투자를 축소시키게 될 것이고, 에너지 절약 전략을 채택하지 못하도록 방해할 것이며 경제를 사회적 필요에 맞게 재조정할 가능성을 일체 배제하게 될 것이라고 주장한다.[234]

흥미로운 점은 화학 프로젝트의 논리가 낡고 폐쇄적인 일국적 국가자본주의 프로젝트가 아니라 다국적 자본주의에 연결된 생산을 구축하려고 시도하는 프로젝트라는 점이다. 비평가들이 말하는 바에 따르면 그 대규모 투자는 소련 내부 경제의 여타 부분을 왜곡할 것이다. 그래서 다른 생산 부문들을 뒤처지게 만들고 여러 산업 간 연관을 파괴하고 생활수준을 더 깎아내리는 압력을 낳을 것이다. 게다가 세계경제의 다른 지역에서 일어난 변화들이 이 프로젝트의 시행을 당황스럽게 만들지 말라는 어떠한 보장도 없다.

정치적 곤경은 낡은 당 구조와 인민대표회의라는 새로운 의회 구조, 그리고 소비에트가 그 어느 것도 헤게모니를 잡지 못한 채 공존하는 방식으로 나타나고 있다. 낡은 당 구조는 기업, 군대, 경찰, KGB, 지역정부와 중앙정부를 운영하는 사람들의 주요한 조정 중심이다. 브레즈네프 시대의 어느 조사를 보면 고위 당 간부들의 40퍼센트는 전직 기업 경영자였고 25퍼센트는 전직 농업 경영자였으며 오직 12퍼센트만이 당 관료제의 밑바닥에서 혼자 힘으로 승진한 사람들이었다.[235] '보수적' 당 지도자들은 경영 활동의 현실에서 동떨어진 공룡이 아니라 거대 기업을 경영하는 사람들의 대표자였다. 그들의 보수주의는 서방 기업들과의 연계보다는 자신들 간의 연계에 훨씬 더 깊이 의존하는 계급의 보수주의였다. 그러므로 그들은 많은 동유럽 국가의 관료들과 달리 다국적 자본주의로의 이행을, 자신들이 두려워하는 변화에 대항할 손쉬운 보증서라고 생각하지 않았다. 소련을 위로부터 변화시키려 한 고르바초프 정권은 이 보수주의자들이나 그들이 지배하는 당 구조를 무력화시킬 수 없었다. 그러나 이 구조들은 아래로부터의 글라스노스트에 고무된 새로운 세력들, 즉 민족운동, 파업위원회, 환경 운동 등에 대한 영향력을 갈수록 상실했다. 그들은 운동에 협박을 가하거나 달래거나 하는 것 사이에서 오락가락했다. 그리고 그 과정에서 관료들의 서로 다른 이해관계 때문에 서로 다른 방향으로 나아가기 시작했다. 그래서 당이 일종의 내적 해체를 겪게 되자 이들은 사회 발전에 대해 실질적 통제력을 전혀 행사할 수 없게 됐다.

이렇게 되자 인민대표회의와 소비에트가 당보다 대중의 지지를 더 많이 받게 됐다. 그러나 그들은 지배 관료의 여러 부문들의 행동을 조정할 중심으로서 당을 대체할 처지에 있지는 못했다. 이 때문에 소련과 — 예를 들어 — 체코슬로바키아의 상황이 그토록 달랐던 것이다. 체코슬로바키아에서 당은 붕괴했고 이 나라 기업들과 서방 기업들의 통합이 점차 증가하면서 사회는 전보다 훨씬 더 멀리 전진했다. 그러나 소련에서는 당이 아직 붕괴하지도 않았는데 사회는 갈수록 더 해체되고 방향 상실에 빠져든 것이다.

그러자 개혁파들의 이데올로기가 잇따라 분화하는 이상한 상황이 벌어졌다. 가장 잘 알려진 급진 민주주의 지도자들 — 인민대표회의에서 옐친 주변에 포진한 사람들 — 은 시장과 민주주의를 동일시했다. 그러나 극단적 시장 숭배자들 중의 일부는 지금 권위주의적 지배가 필요하다는 결론에 이르고 있다.

이러한 견해는 지난해에 세계 사회주의 체제 연구소 연구원인 미그라냔이나 클리암킨이 명확하게 제시했다. 미그라냔은 "야노시 카다르 치하의 헝가리나 덩샤오핑 치하의 중국에서 그랬듯이 우리의 지도자[고르바초프]가 행정적 방식을 더 강화한다면 사정은 좀 더 나아질 것"이라고 주장했다. 그리고 클리암킨은 다음과 같이 물었다.

> 만약 어떤 개혁가가 시장을 도입하는 것을 지지한다고 선언하면 어떻게 될까? 시장에 의존해서 개혁을 이룰 수 있을까? 분명 그렇지 않다. 왜냐하면 인구의 80퍼센트가 시장을 받아들이려 하지 않을 것이기 때문이다. 어쨌든 시장은 소득에 따른 계층화, 차별화를 의미한다. …… 따라서 진지한 개혁가라면 개혁의 성공을 대중에 의존할 수 없다.[236]

보리스 카갈리츠키는 이것을 '시장 스탈린주의'라고 불렀다.[237] 그러나 새로이 시도되는 권위주의적 해결책이 노골적인 스탈린주의 이데올로기로 위장할 것 같지는 않다. 낡은 질서에 대한 반감이 너무 크기 때문이다. 어쨌든 권위주의적 구조조정론자들이 자신들의 기반을 쌓기 위해 시도할 수 있는 방법은 여러 가지다. 과거는 악몽처럼 산 자의 머리를 짓누른다. 그리고 사악한 정치 세력들은 과거의 유산인 많은 편견을 이용하려 할 것이다. 예컨대 불가리아의 반反터키 정서나 루마니아의 반反마자르 정서, 헝가리의 반反'집시' 정서, 소련의 대러시아 국수주의, 거의 모든 지역에 퍼져 있는 반反유대주의 등이 그것이다. 앞으로 반공주의 메시지뿐 아니라 권위주의적 메시지도 설파하고, '질서'를 강요하기 위해 옛 보안경찰의 잔당들과 협력할 태세가 된 새로운 정치단체들이 출현할지도 모르는 일이다.

사회주의적 반대파의 형성

동유럽 국가들 전역에 널리 퍼져 있는 스탈린주의와 사회주의의 동일시 때문에 진정한 사회주의자들이 청중을 얻기 매우 어려웠다. 강제수용소 위에서 펄럭이던 적기赤旗를 본 적이 있는 노동자라면 기쁨에 넘쳐 저절로 적기를 흔들지는 않을 것이다. 게다가 대체로 사회주의적 반대파들은 낡은 일당 국가 시절 자유주의 세력 — 이들은 서방의 원조와 보호를 어느 정도 받았다 — 보다 훨씬 더 많은 고초를 겪었다. 그래서 비록 진정한 사회주의자들이 존재하더라도 그 규모와 영향력은 당분간 미약할 것이다.

그러나 국가자본주의와 다국적 자본주의가 접목되는 것에 대한 저항은 어디서나 불가피하다. 저항은 주로 세 군데에서 나올 것이다. 첫째, 옛 일당 체제에 도전한 대가로 고초를 겪은 많은 급진 민주주의자들의 저항이 있을 것이다. 그들은 노멘클라투라였던 자들이 전에 쓰던 이데올로기의 가면을 다른 것으로 바꿔 쓰고서 계속 자리를 유지하는 것을 보며 마음이 편치 않을 것이다. 그들은 정치경찰의 해체를 계속 요구할 것이다. 또 그들은 언론 매체를 통제했던 낡은 당 기구들이 새로운 기구들로 바뀌었지만 그 속에서 과거의 당 간부들이 다국적 자본과 결탁해 엄격한 통제력을 여전히 유지하는 것을 보며 마음이 편치 않을 것이다.[238] 평화주의와 녹색 사상에 영향을 받은 사람들이 새로운 형태의 자본주의가 구체제의 군대를 그대로 존속시키고 이윤을 위해 환경을 오염시킬 것이라는 사실을 깨닫는 데는 오랜 시간이 걸리지 않을 것이다.

루마니아에서는 12월 혁명을 일으킨 사람들과 권력을 장악한 사람들 사이에 이미 격렬한 충돌이 있었다. 폴란드에서는 평화주의, 아나키즘, 녹색 사상, 폴란드 민족주의 등 다양한 사상에 영향을 받은 청년들이 거리에서 경찰과 거듭거듭 충돌했다. 체코슬로바키아에서는 시민포럼의 많은 기층 활동가들이 급진 민주주의 슬로건을 매우 진지하게 받아들여서 페트르 피트하르트 — 그는 텔레비전 방송에서 공장과 지역사회의 시민포럼에게 "모든 경제적 계약서에 경영자들과 함께 서명할 권리를 얻기 위해 압력을 행사하는 것 같은 사이비 혁명적 방법을 피하라"고 호소했다 — 같은 지도자들의 말을 받아들이지 않게 됐다.[239] 동독에서 신광장 같은 옛 반대파 그룹의 활동가들은 서독 국가와의 통합을 주창하는 사람들이 거리 시위를 접수하는 동안 노멘클라투라가 서독 자본과 연계 맺는 것을 보고는 쓰라린 마음을 금치 못했다. 헝가리에서 자유민주당 소속의 친親시장 급진 민주주의자들은 더 권위주의적인 친시장 이데올로기를 가진 정당들이 옛 노멘클라투라였던 자들과 함께 책략을 부리자 이에 격렬하게 반발했다.

소련에서는 사태가 좀 더 복잡하다. 왜냐하면 낡은 집권당이 여전히 지배하고 있고 급진 민주주의자들은 당과 인민대표회의라는 기존의 국가 구조 내에서 소수파에 불과하기 때문이다. 고르바초프에 대한 환멸은 흔히 시장으로 더 급격히 이동할 것을 요구하는 형태로 나타난다. 이것이 인민대표회의에서 옐친 주위로 결집한 집단과 반半합법 야당인 민주연합의 견해다. 그러나 소련에서도 사람들은 때때로 시장으로부터 이익을 얻으려는 사람들, 즉 거대 기업의 우두머리들이 왜 민주주의가 아니라 권위주의로 기우는지, 왜 서방 지도자들이 고르바초프 정권을 유지하기 위해 온갖 노력을 기울이는지 자문할 것이다.

둘째로, 종종 소수민족 집단 사이에서 새로운 자본주의 형태에 대한 민족주의적 저항이 있을 것이다. 국가자본과 다국적 자본의 결합으로 각 나라 내부에서 경제 발전의 불균등성이 심화할 수 있다. 효과적인 국제경쟁력을 확보하려면 특정 지역 — 일반적으로 이미 가장 발전해 있거나 외국의 생산 시설이나 시장에 가장 인접한 지역 — 에 생산을 집중시키고 다른 지역을 희생시켜야 한다. 그 결과는 다국적 연계에 가장 개방적이었던 동유럽 국가인 유고슬라비아에서 찾아볼 수 있다. 이탈리아와 오스트리아 접경지대에 있는 슬로베니아의 1인당 국민소득은 세르비아보다 두 배나 높고 또 세르비아의 국민소득은 남부에 있는 코소보보다 세 배나 높다. 동일한 경제 발전 논리 때문에 체코슬로바키아의 슬로바키아어 사용 지역과 (아르메니아에서 카자흐스탄에 이르는) 소련의 남부 지역 공화국들과 러시아어를 사용하는 광활한 중심부도 고통을 겪을 것이다. 이와 동일한 논리로 동유럽의 일부 국가들이 다른 국가들보다 상대적으로 열악한 처지에 놓이게 될 것이다. 이미 서방에서 유럽공동체를 열렬히 지지하는 사람들은 유럽공동체에 회원국으로 가입하기에 '적합한' 상대적으로 선진적인 국가들(대개는 동독, 때로는 체코슬로바키아)과 기껏해야 '준회원국'이 될 수 있을 뿐인 발전이 더딘 지역을 구별하고 있다.

그 결과, 뒤처진 지역에 있는 나라들에서 민족적 박탈감이 강력하게 자라날 것이다. 주민 사이에 시장에 대한 환멸감이 널리 퍼질 수 있다. 그리고 현지 지배계급과 지식인들이 이러한 감정을 이용해 자신들의 지위를 높이려고 시도할 수 있다. 오늘날 소련과 유고슬라비아에서 일고 있는 민족주의 물결은 중앙 권력에 대한 민족주의적 반란이나 소수민족에 대한 종단주의적 공격으로 이어질 것이다.

셋째, 이것이 가장 중요할 수 있는데, 노동자들의 저항이 있을 것이다. 시장화가 가장 크게 진전된 유고슬라비아에서는 1987년과 1988년에 대규모 파업이 일어났다. 동독에서는 어느 당이 집권하든 생필품 가격을 서독 수준으로 높이려 하면 파업이 불가피할 것이다. 불가리아에서는 들불처럼 번진 "광부" 파업과 함께 1월에 "파업 물결"이 솟구쳤다.[240] 체코슬로바키아에서 연방 부총리인 차르노구르스키가 "많은 기업이 무정부 상태라는 우려스런 소식들"을 전했다.[241] 폴란드에서는 올해 초까지는 연대노조 출신의 각료들에 대한 신뢰가 여전히 두터웠지만 광산 같은 곳에서는 파업이 봇물 터지듯 일어났다.

가장 중요한 파업은 1989년 여름 소련의 광산에서 일어난 파업이다. 파업이 시작된 메즈두레첸스크의 시비야스코프 탄갱에서 제기된 최초의 요구는 경제적인 것이었다. 즉, 갱에 물통을 충분히 보급하고 겨울에 좀 더 따뜻한 옷을 배급하고 한 달에 비누 800그램을 제공하라는 것이었다. 그러나 파업이 확산되면서 이 요구들은 좀 더 광범한 불만의 초점이 됐다. 이 불만은 고르바초프 개혁의 한계와 그 개혁의 방향에서 비롯했다. 볼코프 광산의 전기 기술자였던 케모로보 행동위원회 의장이 말했듯이, "새로운 경제적 경영 조건에도 불구하고 노동자들의 노동조건은 아직 변한 것이 없다. 오히려 작업 강도는 더 세졌다. 소모된 육체노동의 양만큼 보수를 지급하기로 했던 약속은 지켜지지 않고 있다."[242] 경제적 요구와 정치적 요구가 결합된 구호들, 즉 '관료들을 타도하라!', '철야 근무 수당 40퍼센트 인상, 야간 근무 수당 20퍼센트 인상!'[243] 등의 구호가 포스터에 적혀 있었다. 곧이어 연금 인상, 추가 휴일, 출산 휴가 연장 등의 다른 요구들도 제기됐다. 공식 매체들과의 인터뷰에서 광산 노동자들은 자신들의 조건과 사장들의 조건이 사뭇 다르다고 격렬하게 불평했다. 광부들은 통행증이 전혀 없는 반면 "행정 기구의 관료들은 모두 매우 자주 여행을 다닌다",[244] "주州의 당 지도자들은 좋은 집에서 살고 있는 반면" 광부들은 "화학 폐기물이 스며들어 오는 비참한 오두막집에서" 산다.[245] 3주가 지나 돈바스 광산의 파업 노동자들 중 일부는 당 관료들을 위한 특별 상점 같은 관료적 특권을 모두 즉시 폐지하고, 헌법을 더 민주적으로 개정하고, 자신들의 독립 노조 결성권을 보장하라고 요구했다.

그러나 파업 노동자들이 즉각 명료하게 계급의식적 전망에 도달했다고 생각하는 것은 잘못일 것이다. 많은 사람들은 광산 노동자들이 다른 노동자들과 뭔가 다르고 더 낫다고 생각한다. 쿠즈바스에서 많은 지지를 받은 초기의 요구는 개별 탄갱이나 개별 채광 지역의 재정 자율에 대한 요구였다. 그 요구는 자신들을 착취하는 것에 맞선 도전이었지만 다른 한편으로 돈바스에 있는 비교적 수익성이 낮은 기업들에서 일하는 노동자들이나 더 낡고 비효율적인 광산에서 일하는 노동자들의 이익과 대립할 수 있도 있었다.

카라간다의 몇몇 파업위원회 회의에 참석했던 보리스 카갈리츠키는 이렇게 말한다.

> 우리는 노동계급의 계급의식 수준을 과장하지 말아야 한다. 우리는 지금 겨우 노동계급 운동의 첫 단계를 통과하고 있을 뿐이다. 때때로 광산 노동자들이 매우 부문주의적일 때도 있다. 예컨대 파업위원회가 다른 노동자 집단과 연대하기를 거부할 때도 있다. 그러나 다른 한편에서 대중이 배워 나가는 과정은 매우 인상적이다.
> 중요한 것은 파업을 벌이고 난 지금 광산 노동자들이 스스로 매우 강하다는 사실을 깨닫기 시작했다는 것이다. 그래서 그들은 점점 덜 온건해질 것이고, 자신들의 힘을 정치적·경제적·사회적으로 사용할 것이다.
> 그것은 커다란 변화다. 수년 동안 노동계급 대중은 어떤 것도 달성하지 못했다. 그러나 이제 그들은 뭔가를 달성할 수 있게 됐다. 반면 고르바초프 정권과 그 지도부는 아무것도 달성할 수 없는 상태에 있다.[246]

파업 노동자들은 결국 면담을 성사시키지는 못했지만 고르바초프와 리시코프의 약속을 받고 작업에 복귀했다. 보르쿠타에서 광산 노동자들이 11월에 다시 파업을 시작했을 때 그들은 다른 지역들에서 적극적 지지를 받지 못했고 결국 파업은 고르바초프가 새로 제정한 반反파업법에 부딪혀 분쇄됐다. 그러나 그해 여름의 파업들은 고르바초프가 보기에 소수민족들의 투쟁보다 더 큰 위협이었다. 그는 최고 소비에트에서 다음과 같이 보고했다.

> 아마도 이것은 지난 4년간의 구조조정 기간 중에 우리 조국에 닥친 최악의 시련일 것이다. 체르노빌 발전소의 사고가 있었고 다른 불행도 여럿 있었다. 그럼에도 나는 이것[광산 노동자 파업]을 가장 심각하고 가장 어려웠던 문제로 꼽겠다.[247]

동유럽의 사회주의자들에게 가장 큰 희망을 주는 것은 그러한 노동자 투쟁의 불가피성이다. 그렇다고 해서 노동자들이 처음부터 사회주의 사상에서 출발할 것이라는 말은 아니다. 많은 노동자들은 처음에는 급진 민주주의자들과 (그리고 소수민족들의 민족주의 운동과) 자신을 동일시할 것이다. 소수의 노동자들은 당 보수파의 데마고기에 현혹될지도 모른다(이것은 개혁 지향적인 지식인들이 흔히 과장하는 위험이다). 낡은 질서에 대한 증오심 때문에 그들은 때때로 사회주의자를 자처하는 사람들을 불신할 것이다.

그러나 노동자들 사이에서 조직화된 지지 부대를 구축하려는 급진 민주주의자들의 시도는 시장을 통해 국가자본을 다국적 자본에 연결시키려는 자신들의 노력 때문에 계속 어려움을 겪을 것이다. 그래서 급진 민주주의자들은 기업을 경영하는 사람들과 그 기업에서 노동하는 사람들 사이에 분명히 커다란 불평등이 존재한다는 사실을 받아들이게 된다. 그들은 낡은 불평등에 반대하지만 그들이 말하는 불평등은 노멘클라투라식 연줄에서 유래하는 것이지 시장에서 유래하는 것이 아니다. 그들은 또, 노동자들의 물질적 조건을 향상시키기 위한 자원이 없다고 생각한다.[248] 그래서 그들은 노동자들이 정치적 요구들만을 위해 투쟁해야 한다고 말하면서, 물질적 조건을 향상시키려는 파업을 지지하기를 주저하는 것이다. 노동자 문제에 대한 그들의 태도는 (세계 도처의 중간계급이 받아들이는 통념, 즉 "우리 나라 노동자들은 일할 줄 모른다"는 식의 주장을 받아들이면서) 노동자들은 더 열심히 일해야 하고, 그러면 결국 생활수준이 상승할 것이라고 말하는 데서 시작한다.

연대노조의 자문위원들이 폴란드에 연립정부가 구성된 후는 물론이고 그 전부터 파업에 반대한 것은 이런 이유에서다. 체코슬로바키아의 정치적 변혁기인 11월에 시민포럼의 가장 저명한 인물들이 겨우 두 시간 파업을 요구한 후 노동자들에게 파업 기간의 생산 손실분을 보충해 달라고 요청한 것도 이런 이유에서다. 인민대표회의의 옐친 그룹이 소련의 광산 노동자 파업에 대해 취한 태도가 고르바초프의 태도와 다르지 않은 것도 이런 이유에서다. 옐친은 파업을 부른 조건을 비난할 태세가 돼 있었다. 그러나 그 후 텔레비전에서 광산 노동자들에게 "인민과 국가에 대한 특별한 책임감을 보여 달라"며 작업에 복귀할 것을 요구했다.[249]

소련에서 급진 민주주의자들과 노동자 투쟁 사이의 거리는 협동조합 문제를 둘러싼 논쟁에서 가장 극명하게 드러났다. 급진 민주주의자들은 협동조합이 소기업과 개인기업의 이상을 구현한다고 봤고, 소련이 봉착한 문제를 푸는 마술적 치유책이라고 생각했다. 그러나 사실 소련의 협동조합들은 중간계급에게는 매우 값비싼 서비스를 제공했지만, 노동자들은 그런 서비스를 받을 여유가 없었다. 협동조합이 그럴 수 있었던 이유는 대중이 자주 출입하는 상점에서는 찾아 볼 수 없는 물건들을 구비할 수 있었기 때문이다. 노동자 대중이 협동조합을 당 엘리트들이나 출입할 수 있는 특별 상점과 마찬가지로 혐오스럽게 생각한 것은 전혀 놀라운 일이 아니다.

경제적 쟁점을 둘러싼 파업들은 대중의 좌절감을 순전히 민족주의적 방향으로 인도하려고 하는 사람들에게도 특히 곤란한 문제다. 대기업 노동자들은 대개 여러 민족 출신들이기 마련이다.[250] 그리고 노동자 투쟁은 소수민족의 권리를 존중하는 진정한 국제주의 전망을 보여 줄 때에야 이들을 민족적 구별을 넘어서는 파업위원회 주위로 결집시킬 수 있다.

그렇지만 동유럽 국가의 사회주의자들이 자신들에게 우호적인 상황에서 유리한 요소들을 이용할 수 있으려면 먼저 다음과 같은 몇 가지 중요한 점을 분명히 자각해야 할 것이다.

첫째, 그들은 국가자본주의에서 다국적 자본주의로의 이행이 일보 전진도 일보 후퇴도 아니며 단지 옆 걸음일 뿐이라는 것을 이해해야 한다. 비록 일부 노동자 그룹들(팽창하는 산업에서 일하는 숙련 노동자들)은 처지가 좋아져 조건이 향상됐고 다른 노동자 그룹들('합리화'될 산업들에서 일하는 노동자들)은 처지가 더 나빠졌을지라도 노동계급 전체에게 이 변화는 하나의 착취 형태에서 다른 착취 형태로의 이동을 의미할 뿐이다.

불행히도 동유럽 국가들에는 아직도 이것을 충분히 이해하지 못하는 사회주의자들이 있다. 그중 일부는 서방 자본주의 형태를 '소비주의'나 '민주주의'(마치 이 두 용어가 '제3세계'와 신흥공업국의 수많은 '자유 시장' 자본주의에도 적용될 수 있다는 듯이)와 혼동하는 실수를 범하고 있다. 그래서 그들은 일정한 단서를 달면서도 시장을 기꺼이 받아들여야 할 대상으로 여긴다.[251] 또 다른 일부는 산업 국유화를 그 자체로 옹호해야 할 것으로 여기고, '국유재산'을 서방 다국적 자본에 판매하는 것에 저항하는 것 — 또는 동독의 경우에는 서독으로의 합병에 맞서 국가 전체를 방어하는 것 — 을 자신들의 주요 과제로 생각한다.[252]

그러나 국가자본주의는 노동자들의 투쟁 때문에 존재하게 된 것이 아니다.[253] 국가자본주의는 이제 그 수명을 다한 자본주의 발전의 특정 국면에서 제기되는 축적의 필요에 상응한 것이었다. 또 다국적 자본주의로의 새로운 전환도 민주주의나 소비자의 필요와는 아무 상관 없다. 그런 전환이 일어난 이유는 국가자본주의 노멘클라투라가 국제 경쟁에 맞서 자신을 유지할 다른 방법이 전혀 없었기 때문이다. 사회주의자들의 과제는 축적의 한 국면에 맞서 다른 국면을 옹호하는 것이 아니라 한 국면에서 다른 국면으로의 전환 시도가 불러일으키는 정치적·사회적 불안정을 이용해 우리 자신의 혁명적 요구를 관철시키는 것이다.

구체적으로 말하면, 낡은 국가자본주의 질서에 대항하는 노동자, 지식인, 학생, 피억압 민족의 투쟁을 모두 지지하면서도 이와 동시에 국가자본주의에 다국적 자본주의를 이식하려는 사람들에게 이 투쟁들을 탈취당하지 않도록 저항하는 것을 의미한다.

또, 낡은 국가 자본가들과 동맹을 체결하는 함정에 빠지지 않으면서도 새로운 다국적 자본주의 세력들이 강요하는 합리화에 저항하는 것을 의미한다. 낡은 국가 자본가들은 노동자들이 국유화된 산업 내부에서 임금과 노동조건을 둘러싼 요구들을 제기하지 않고 생산성 향상에 협력하도록 살살 꾀면서 그래야 '사유화의 위험'을 물리치고 나라가 '신식민지'로 전락하는 위험을 피할 수 있다고 주장한다. 그러나 만약 노동자들이 이런 꾐에 빠진다면 착취 강화를 막기 위해 …… 또 다른 착취 강화를 허락하는 것일 뿐이다. 지난 16년간 영국의 구조조정 경험을 떠올려 보면 도움이 될 것이다. 브리티시에어웨이, 브리티시에어로스페이스, 브리티시스틸, 브리티시조선造船, 오스틴로버의 최고 경영자들은 모두 노동자들에게 "국유화 과업에 참여하라"고 촉구했다. 그들은 전에 사유화 과정에서 대규모 공장폐쇄와 노동자 해고를 통해 상당한 이득을 본 자들이다. 그리고, 예를 들면, 폴란드에서 친親시장 각료들의 속셈이 그것이다. 그들의 자문위원 중 한 사람인 스타니슬라프 고무우카는 어떤 인터뷰에서 "영국 모델을 따라 우선 소규모 사유화에서 시작해 꾸준히 확대하려 한다"고 말했다.[254]

이행의 정치적 위기를 이용하려면 급진 민주주의자들의 민주적 요구를 그 극한까지 밀어붙여야 한다. 즉, 민주적 요구를 자유선거 문제에 국한시키지 않고 노조 결성의 자유나 자유로운 파업권과 시위권, 억압 기구(정치경찰, 보안경찰, 비밀경찰 등)의 완전한 해체, 과거에 이들과 협력했던 사람들을 국가기관과 기업에서 모두 숙청하는 것, 정부나 노멘클라투라, 거대 기업 임원들이 아니라 실제로 그 속에서 일하는 사람들이 언론 매체를 통제하게 하는 것 등의 문제까지 제기해야 한다. 그것은 국가자본주의에 대한 민주적 투쟁을 다국적 자본주의에 대한 민주적 투쟁으로 전환시키는 것을 의미한다. 그리고 이 과정에서 급진 민주주의자들 중 가장 선진적인 분파를 설득해서 그들이 다국적 자본을 적으로 여기게 만들어야 한다.

이와 결부된 문제는 국가의 성격이라는 문제다. 동유럽의 많은 사회주의자들은 기존 사회를 좀 더 공정하고 좀 더 효율적인 사회로 만들기 위한 계획을 제시하는 식의 함정에 빠져 있다. 그들은 어떻게 하면 산업을 재조직해서 낭비를 줄일 것인가, 어떻게 하면 노동자들이 더 열심히 일하도록 설득할 수 있는가, 어떻게 하면 시장과 계획의 올바른 결합을 달성할 수 있는가 따위의 문제를 끝없이 토론한다. 그들이 이런 토론에 탐닉하는 것은 다음과 같은 가장 근본적인 진실에서 출발하지 않기 때문이다. 그 근본적 진실이란 그들이 계급사회에 살고 있으며 한 계급은 다른 계급의 희생 위에서 매우 안락한 삶을 영위한다는 것(그래서 **노동자들**이 통제하는 사회가 아니라 '자주적으로 관리되는 사회' 운운하는 경향이 있다), 그러한 사회의 국가는 사회의 나머지와 단절돼 있으며 사회적 생산물의 많은 부분을 흡수한다는 것, '국가의 이익'이나 '사회의 이익'에 대해 떠드는 것은 모두 실제로는 이러한 사실을 은폐한다는 것이다.

국가의 성격을 이해해야 민족문제를 올바르게 이해할 수 있다. 조금이라도 자신을 기존 국가와 동일시하는 사회주의자들은 필연적으로, 기존 국가에서 독립하려는 소수민족의 요구를 '노동계급 내부의 분열'로 나아가는 것이라고 보게 된다. 이와 달리 계급국가인 기존 국가를 분쇄하고자 하는 사회주의자들은 국가가 단일한 자본주의 국가인지 아니면 두 개의 자본주의 국가로 갈라져 있는지는 개의치 않는다. 우리는 소련이라고 부르는 러시아 민족국가를 숭배하지 않으며 그렇다고 라트비아 민족국가를 숭배하지도 않을 것이다.

그러나 우리는 어떤 소수민족이 억압받고 있다고 느낀다면 그 소수민족의 노동자들이 다수 민족 노동자들의 투쟁을 지지하고 공감하게 만들 수 있는 방법은 하나뿐임을 알고 있다. 그것은 다수 민족의 노동자들이나 적어도 그들 중의 의식적 사회주의자들이 민족 억압의 지속을 원치 않는다는 것을 분명히 밝히는 것이다. 다수 민족의 노동자들과 사회주의자들은 소수민족이 자신들의 국가를 원할 때 그들이 수립하려는 국가의 형태가 어떤 것이든 상관없이 그 권리를 지지해야 한다.

소수민족은 자신들을 막다른 골목으로 끌고 가려는 프티부르주아(또는 프티 관료) 지도자들의 영향을 받고 있을지 모른다. 그러나 소수민족의 노동자들이 이러한 지도부와 단절하게 하는 유일한 방법은 다수 민족에 속하는 사회주의 노동자들의 운동이 자신들의 지도부보다 민족 억압에 맞서 더 효과적으로 싸울 태세가 돼 있다는 것을 확인하게 만드는 것뿐이다.

동유럽 국가들의 개혁 정부와 급진 민주주의자들은 수명이 다해 가는 국가자본주의 착취 형태에서 다국적 자본주의 착취 형태로 이행하면 사회적 안정과 번영이 찾아올 것이라고 생각한다. 그들은 틀렸다. 많은 동유럽 국가들에서 낡은 일당 기구가 이행에 저항하는 것을 극복하기 위한 첫걸음은 시작됐을지 모르지만 아직 장기간의 경제적 조정, 따라서 사회적·정치적 조정의 시기가 남아 있다. 심지어 그 시기가 채 끝나기도 전에 세계 수준에서 자본주의 구조조정의 새로운 물결이 범람해, 경제적·사회적·정치적 소용돌이를 낳는 새로운 압력으로 작용하지 말라는 법은 어디에도 없다.

그동안 소련은 아직 그 첫걸음조차 내딛지 못했다. 고르바초프 주변 집단은 혼란을 두려워해 앞으로 나아가기를 주저하고 있다. 그렇지만 그들은 자신들이 뒤로 돌아갈 수도 없다는 것을 잘 알고 있다. 만약 국가자본주의가 스스로 다국적 자본주의로 변모하지 못하면 격렬한 사회적 투쟁 국면이 매우 장기간 지속될 것이다. 그리고 그 속에서 진정한 사회주의 세력이 비록 규모는 작지만 많은 일을 할 수 있을 것이다.

'자유 시장'과 다국적 자본주의 형태를 칭송하는 정당들은 이미 동유럽 전체에 공공연하게 존재하고 소련에서도 반쯤 공개적으로 존재한다. 낡은 국가자본주의 정치기구의 잔당들은 그들 나름의 새로운 정당들을 만들면서, 구조조정으로 고통받는 사람들이 구질서 아래에서 겪은 고통을 잊게 만드는 데마고기를 통해 정치적 재기를 꾀하고 있다. 인종주의와 종단적 증오를 부추기는 선동가들이 대중의 환멸을 이용할 기회를 붙잡으려고 호시탐탐 노리고 있다. 진정한 사회주의자들의 긴급한 과제는 구식 자본주의와 신식 자본주의를 모두 반대하는 혁명적 태도를 견지하면서 독자적 정당을 건설하는 것이다.

후주

1 *Financial Times*, 1990년 1월 24일.
2 *Financial Times*, 1990년 1월 19일자에서 인용한 옐친의 말.
3 *Independent on Sunday*, 1990년 2월 4일.
4 요크서 담당 조직자였던 라멜슨은 E P 톰슨과 존 새빌이 공산당에서 축출된 것에 직접 책임이 있다. 19년 전인 1937년 5월에 라멜슨은 바르셀로나의 아나키스트들과 마르크스주의통일노동자당(POUM)에 대처하기 위해 스탈린주의 지도자들이 보낸 군대에 소속돼 있었다.
5 *Guardian*, 1990년 1월 13일자에서 인용.
6 *Morning Star*, 1990년 1월 19일.
7 "Themes", *New Left Review* 178, 1989년 11·12월호. 들리는 바에 따르면, 편집위원 중에서 지적으로 가장 탁월한 페리 앤더슨이 세계적 차원의 우경화 — 그의 관점에서 보면 그렇다 — 에 직면해 매우 침울해하고 있다고 한다.
8 일관된 형태로는 Tony Cliff, *The Nature of Stalinist Russia*(London, 1948)에서 처음으로 제시됐다. 이 책은 약간의 수정을 거쳐 *Stalinist Russia: A Marxist Analysis*(London, 1955)와 *State Capitalism in Russia*(London, 1974·1988)[국역: ≪소련 국가자본주의≫, 책갈피, 1993]로 다시 출간됐다.
9 Z Medvedev, *Gorbachev*(Oxford, 1988).
10 1956년에 부다페스트 경찰서장이 안드로포프의 역할을 설명한 것으로는 S Kopacsi, *On the Side of the Working Class*(New york, 1987)를 보라.
11 J Bloomfield(편), *The Soviet Revolution*(London, 1989).
12 T Ali, *Revolution From Above*(London, 1988), p xiii.
13 *Labour Focus on Eastern Europe*, 1987년 7·8월호.
14 1990년 1월 런던에서 한 인터뷰.
15 *Independent*, 1988년 6월 30일.
16 1989년 5월 26일 인민대표회의에서 한 연설.

17 1979년 5월에 방송된 BBC 보도에서 녹취(錄取).
18 *Socialist Worker*, 1989년 5월 29일자에 실린 보리스 카갈리츠키의 글.
19 1989년 12월 8일 BBC 보도에 나오는 *Argumenty i facty* 편집자와의 인터뷰 녹취록을 보라.
20 *Independent* 1990년 2월 9일자 Helen Womack의 기사.
21 *Pravda*, 1989년 2월 6일.
22 1989년 7월 18일 중앙위원회 회의. 1989년 7월 24일 BBC 보도.
23 1989년 10월 2~3일 최고 소비에트 회의. 흥미롭게도 그 주제에 관한 소비에트 회의의 논쟁은 방영되지 않았다. *Moscow News* 1989년 10월 22일자를 보라.
24 *Pravda*, 1989년 10월 21일.
25 1989년 12월 13일, 15일, 16일 인민대표회의에서 선포했다. 1989년 12월 BBC 보도 녹취록.
26 1989년 12월 30일 BBC 보도.
27 Gorbachev, *Perestroika*, p 119.
28 그래서 1988년 초에 타리크 알리가 쓴 책 *Revolution From Above*는 마지막 15쪽을 남겨 두고서야 비로소 민족문제를 취급한다. 이 대목은 아르메니아에서 민족주의의 파고가 갑자기 고조되고 나서야 끝에 덧붙여진 인상을 준다. 타리크는 서문에서 "소련 해체"는 "워싱턴의 미치광이 같은 계획 중 하나"라고 썼다. T Ali, 앞의 책, p xiii을 보라. 소비에트의 현실에 대한 타리크의 통찰력이 어떠한지는 3년 전 그가 타슈켄트를 공식 방문하고 나서 "나는 소비에트 중앙아시아에서 종교가 부활하고 있다는 어떠한 증거도 보지 못했다. …… 이곳에 호메이니식 소요가 일고 있다는 서방 '분석가'들의 말은 얼토당토않다" 하고 썼을 때 이미 드러났다.
29 이 문제에 관한 논의는 토니 클리프의 *State Capitalism in Russia*와 그 이전 판(版)들, 그리고 *International Socialism* 42(old series), 1970년 2·3월호에 내가 쓴 "Prospects for the 70s: The Stalinist States" 등을 보라.
30 예를 들어, *Guardian*의 마틴 워커(Martin Walker)는 아무런 비판적 논평도 없이 이런 주장들을 인용했다. 1986년 12월 셋째 주에 발행된 *Guardian*을 보라.
31 G J Libaridian, *The Karabagh File*(Cambridge Mass, 1988)을 보라.
32 TASS 통신. *Independent*, 1988년 3월 5일자에서 인용.
33 *Independent*, 1988년 4월 3일자에서 인용.
34 *Independent*, 1988년 7월 16일.
35 *Le Monde*, 1988년 7월 26일.
36 *Times*, 1988년 9월 3일자에서 인용.

37　TASS, 1988년 12월 16일.
38　*Pravda,* 1988년 12월 16일.
39　창립 대회의 전 과정에 대한 보도는 1988년 10월 BBC 보도를 보라.
40　고르바초프가 12월 25일 소련 공산당 중앙위원회에서 한 연설, 앞의 책.
41　*Moscow News*, 1989년 10월 25일.
42　TASS, 1989년 10월 25일.
43　*Pravda*, 1989년 10월 2일.
44　*Izvestia*, 1990년 2월 5일.
45　Soviet TV, 1990년 1월 19일. 1990년 1월 22일의 BBC 보도에서 인용.
46　Kiev Radio, 1990년 1월 15일. 1990년 1월 17일의 BBC 보도에서 인용.
47　TASS, 1990년 2월 1일.
48　*Izvestia*, 1990년 2월 2일.
49　*Komsomolskaya Pravda*, 1990년 1월 11일.
50　N Mikhailov, *Moskovksaya Pravda*, 1989년 8월 18일.
51　D Granin, *Moscow News*, 1989년 12월 17일.
52　Soviet TV, 1990년 1월 19일, 1990년 1월 27일의 BBC 보도에서 인용.
53　나는 모스크바 인민전선 대회에 참관인으로 참석했는데 제복 입은 병사들이 나를 안내했다.
54　*Krasnaya Zvezda*, 1989년 11월 3일.
55　Yerevan Radio, 1989년 9월 29일. 1989년 10월 3일의 BBC에서 녹취.
56　A Gelman, *Moscow News*, 1989년 12월 31일.
57　파업에 적극적으로 참여했던 폴란드 사회주의자들과의 토론을 바탕으로 쓴 자세한 설명 글은 *Socialist Worker*, 1988년 8월 27일, 1988년 9월 3일, 1988년 9월 10일자를 보라.
58　이 수치는 바르샤바의 폴란드 사회당(민주적 혁명파) 당원 한 명이 제공해 준 것이다.
59　당시 반체제 인사였던 미클로시 하라스티(Miklos Haraszti)는 *Socialist Worker Review* 1988년 7월호에서 1988년 3월 15일 시위에 1만여 명이 참가했다고 말했다.
60　*Sunday Correspondent*, 1989년 9월 17일자의 논설.
61　그들의 준비 사항을 알기 위해서는 *Stern*, 1990년 1월 25일자를 보라.
62　*Financial Times*, 1990년 1월 15일.
63　*Financial Times*, 1990년 1월 15일.
64　*Independent*, 1990년 2월 2일.

65 *Financial Times*, 1990년 1월 15일.
66 1989년 12월 22일 동베를린에서의 인터뷰.
67 같은 인터뷰.
68 소련 침공 21주년 항의 시위를 목격한 사람들은 이 시위 참가자 수를 7000~8000명으로 추산했다. *Socialist Worker*, 1989년 8월 26일자를 보라.
69 예를 들어, "Czech protestors fail to involve silent majority", *Financial Times*, 1989년 10월 30일자를 보라.
70 1989년 12월 11일 프라하에서의 인터뷰.
71 같은 인터뷰.
72 *Independent*, 1990년 1월 31일자에 실린 인터뷰. 또한 국가 안보 시스템이 "폐지"되거나 "재조직"됐다는 1990년 1월 1일의 프라하 라디오 방송을 보라.(이 방송은 1990년 2월 3일 BBC 보도에서 인용했다.)
73 공산당 정치국과 중앙위원회에서 벌어진 일들에 대한 설명은 *Moscow News*, 1990년 1월 7일자를 보라.
74 경제 위기에 대한 새 지도부의 설명은 *Trud*, 1990년 12월 1일자 기사를 보라. 이 기사는 1989년 12월 14일자 BBC 녹취록에 번역돼 있다.
75 무슨 일이 일어났는지에 대한 설명은 1989년 12월 19일, 28일에 방송된 BBC의 동유럽 관련 보도를 보라.
76 당시 이 나라에는 서방 기자가 한 사람도 없었다. 그래서 서방의 언론은 정확히 무슨 일이 벌어졌는지를 놓고 여러 가지 모순된 보도들을 했다. 나는 여기서 주로 자신의 비디오카메라로 12월 21~22일의 사건을 찍은 한 루마니아인의 증언에 의존했다. 이것은 1990년 1월 8일 BBC의 *Panorama*에서 상세히 방영됐다.
77 *New Left Review* 50(1967).
78 *Quatrieme International*, année 14(1956), nos 1~3.
79 E Mandel, *La crise*, 1978, pp 161~165.
80 Trotsky, *The Class Nature of the Soviet State*(London, 1962).
81 Trotsky, *In Defence of Marxism*(New York, 1973), p 14.
82 Trotsky, "The War and the Fourth International", in *Writings 1939~40*(New York, 1973).
83 E Mandel, *Beyond Perestroika*(London, 1985), p 34. [국역 : ≪페레스트로이카를 넘어≫, 태백, 1990]
84 T Ali, *Revolution From Above*, p 80.
85 B Rizzi, *The Bureaucratisation of the World*(London, 1985), p 87.
86 M Schachtman, *The New International*, 1941년 10월호, p 238과 *Workers*

Party, Historic Documents Bulletin 1(1944). 둘 다 R Dunayevskaya, *State Capitalism and Marx's Humanism or Philosophy and Revolution*(Detroit, 1967), pp 18~19에 인용돼 있다.
87　M Rakovski, *Towards an East European Marxism*(London, 1978), p 103.
88　같은 책, p 101.
89　G Bence and J Kis, "After the break", F Silnitsky, L Silnitsky and Karl R Reyman, *Communism and Eastern Europe*, p 140에 번역돼 있다.
90　M Schachtman, *The Bureaucratic Revolution*.
91　"Towards a political economy of the USSR", *Critique*, no 18, 1973년 봄호, p 22.
92　1981년 사회주의노동자당(SWP)의 연례 교육 행사인 마르크시즘(Marxism)에서 알렉스 캘리니코스와 한 논쟁에서 인용.
93　*The Soviet Union Demystified*(London, 1986)에서 인용.
94　F Furede, 같은 책, p 100.
95　같은 책, p 102.
96　같은 책, p 117.
97　같은 책, p 172.
98　같은 책, p 159.
99　같은 책, p 67.
100　CIA Directorate of Intelligence, *Revisiting Soviet Economic Performance Under Glasnost: Implications for CIA Estimates*(Washington, 1989), p 10.
101　누군가는 1958년에 쓰인 짧은 시구 "하늘에서 떨어지는 별을 잡아 주머니에 넣어 뒀다가 미국으로 보내라"를 틱틴에게 상기시켜 줘야 할 것이다[소련은 1957년에 세계 최초로 인공위성 스푸트니크호를 쏘아 올렸다].
102　*Economist*, 1988년 4월 9일.
103　M Walker, "What is to be done?", *Marxism Today*, 1988년 6월호. J Bloomfield (편), *The Soviet Revolution*, 앞의 책, p 97에서 재인용.
104　CIA, 앞의 책.
105　"Introduction", in M C Kaser, ed, *An Economic History of Eastern Europe*, vol 1(London, 1986), p 8.
106　같은 글.
107　Kaser, 같은 책, p 9에 인용된 추정치.
108　같은 책.
109　T Cliff, *State Capitalism in Russia*.

110 T Cliff, *The Class Nature of the Peoples Democracies*(London, 1950). 이 글은 *Neither Washington nor Moscow*(London, 1982)에 재수록됐다. Y Gluckstein (T Cliff), *Stalin's Satellites in Europe*(London, 1952), Chris Harman, *Class Struggles in Eastern Europe*(London, 1989, 이전 판의 제목은 *Bureaucracy and Revolution in Eastern Europe*, London, 1974)[국역 : ≪동유럽에서의 계급투쟁 : 1945~1983≫, 갈무리, 1994].
111 Y Gluckstein(T Cliff), *Mao's China*(London, 1957)와 N Harris, *The Mandate of Heaven*.
112 T Cliff, "Deflected permanent revolution", in *Neither Washington Nor Moscow*.
113 트로츠키는 '지배 카스트'와 노동자 대중이 소비의 영역에서 구별된다고 봤다. 만델은 "소비에트 관료는 …… 생산량을 극대화해야 한다는 경제적 압력을 받지 않는다"고 봤다. *The Inconsistencies of State Capitalism*(London, 1969).
114 만델은 "계획 경제의 내적 논리는 생산량 극대화와 자원 할당의 최적화를 요구한다"고 주장해서, 관료 집단이 생산량 극대화의 압력을 받지 않는다는 자신의 주장과 모순되는 주장을 내놓았다. 게다가 그는 자본주의 이전 사회들에서도 축적이 발생하며 사회주의에서도 축적이 발생할 것이라고 주장했다(Mandel, 같은 책). 틱틴은 높은 비율의 축적이 소련 사회의 중요한 특징이라고 봤지만 이것이 자본주의적 특징임은 부인했다.
115 K Marx and F Engels, *Manifesto of the Communist Party*, in *Collected Works*, vol 1(Moscow, 1962), p 37[국역 : ≪칼 맑스 프리드리히 엥겔스 저작 선집 1≫, 박종철출판사, 1992, 403쪽].
116 같은 책[국역 : ≪칼 맑스 프리드리히 엥겔스 저작 선집 1≫, 박종철출판사, 1992, 406쪽].
117 V Selyunin, *Sotsialisticheksaya industria*, 1988년 1월 5일(*Current Digest of the Soviet Press*, 1988년 2월 24일자에 번역 수록). 또한 A Zaichenko, "How to divide the pie", *Moscow News* 24, 1989도 보라.
118 K Marx, *Capital*, vol 1(Moscow, 1961), pp 648~652.
119 예를 들어 G R Feiwel, "The Standard of Living", *Osteuropa Wirtshaft*, 1980년 2월호도 보라.
120 수치들의 재계산에 대한 설명은 Kaser and Radice, 앞의 책을 보라.
121 Gossman(편), *Money and Plan*에 실린 F Fekete의 글.
122 C Boffito and L Foa, *La crisis del modello sovietico in Cecoslavacchia*(Turin, 1970)의 서문에 제시된 수치.
123 M Kaser, *Comecon*(London, 1967), p 140에 실린 수치.

124 1990년 2월 4일 BBC 보도에 인용된 Col-Gen Babyev에 의거함.
125 CIA, 앞의 책.
126 이것은 미국에서도 마찬가지다. 소련과 마찬가지로 미국에서도 군수 업체들 사이의 경쟁이라는 것은 신화일 뿐이다. 또 소련 무기의 일부는 판매된다. 소련은 세계 2위의 무기 수출국이다.
127 소련을 '비(非)자본주의' 사회로 보는 사람들은 흔히 왜 노동계급이 다른 생산양식이 아닌 자본주의의 특수한 산물인지를 밝히지 못한 채 '노동계급'이라는 용어를 사용한다. 만약 '신계급' 이론가들이 일관성이 있으려면 '국가 노예' 같은 용어를 사용했어야 할 것이다.
128 이 수치 중 최고치는 예전에는 반체제 인사였으나 지금은 고르바초프 지지자인 R 메드베데프가 제시한 것이다.
129 F Engels, "Letter to Danielson". Rosdolsky, *The Making of Marx's Capital*, vol 2(London, 1989), pp 463~464[국역 : ≪마르크스의 자본론의 형성 2≫, 백의, 2003]에서 인용.
130 N Bukharin, *Imperialism and the World Economy*(London, 1972)[국역 : ≪제국주의론 : 세계경제와 제국주의≫, 지양사, 1987]와 V I Lenin, *Imperialism, the Highest Stage of Capitalism*[국역 : ≪제국주의론≫, 백산서당, 1988].
131 M Haynes and P Binns, "Eastern European Class Societies", *International Socialism* 7, 1979년 겨울호에서 인용.
132 A D H Kaplan, *The Liquidation of War Production*(New York, 1944), p 91.
133 Kaser, 앞의 책, p 4.
134 G Ranki and J Tomaszewski, "The Role of the State in Industry, Banking and Trade", M Kaser and E Radice(편), *Economic History of Eastern Europe*, vol 2, p 4에 수록.
135 Ranki and Tomaszewski, 같은 책, pp 29, 45~47.
136 Kaser, 앞의 책의 서문, p 7.
137 A Zauberman, *Industrial Growth in Poland, Czechoslovakia and East Germany 1937~62*(London, 1964).
138 Kaser, 앞의 책의 서문, p 190과 Kaser and Radice(편), 앞의 책, pp 612~614의 Brus의 글.
139 Kaser, 앞의 책의 서문, p 1.
140 Kaser, 같은 책, p 15에 인용된 Oscar Lange, "Belgrade lecture of November 1957".

141 이러한 논의들에 대한 설명은 Brus, 앞의 책, pp 612~614를 보라.
142 B Arnot, *Controlling Soviet Labour*(London, 1988), pp 25~26에 제시된 수치.
143 Kaser, 앞의 책의 서문, p 1. 유의할 것은 그가 동유럽 수치는 제외했다는 것이다.
144 W D Connor, *Socialism's Dilemmas: State and Society in the Soviet Bloc*(New York, 1988), p 144에 제시된 수치.
145 Connor, 같은 책, p 149에서 인용.
146 서유럽에 대한 평가는 같은 책, p 149를 보라.
147 같은 책, p 89에 인용된 연구 논문.
148 같은 책, p 96에 인용된 수치.
149 같은 책, p 97에 인용된 연구 논문.
150 같은 책, p 98에서 인용.
151 마르크스의 개념에서는, 역사적·문화적으로 규정되는 노동력 재생산 비용은 상승한다.
152 마르크스의 설명에 의하면, 이 때문에 농민들은 자신의 생계수단에 대한 통제에서 완전히 '자유로운' 노동자로 바뀐다.
153 또는 마르크스가 설명했듯이, 자본의 유기적 구성 상승은 이윤율 하락 경향을 낳는다. 이 문제에 관해 마르크스 저작들이 제시하는 다양한 논의들에 대한 설명은 C Harman, *Explaining the Crisis*(London, 1984)[국역 : ≪마르크스주의와 공황론≫, 풀무질, 1995] 1장을 참조하라.
154 K Fitzlyon, *Soviet Studies*, 1969년 여름호, p 179에 제시된 수치.
155 공식 수치와 서방의 추정은 모두 CIA, 앞의 책에 제시돼 있다.
156 부하린은 국가자본주의 세계 체제의 모순을 설명하기 위해 이 까다로운 용어를 사용했다. 부하린의 *Economics of the Transformation Period*(New York, 1971) [국역 : ≪과도기 경제학≫, 백의, 1994]를 보라.
157 N M Bailey, "Productivity and the Services of Labour and Capital", *Brooking Papers*, 1981:1, p 22에서 주어진 수치.
158 J Steindl, *Maturity and Stagnation in American Capitalism*(London, 1955)이나 P Baran and P Sweezy, *Monopoly Capital* 같은 미국 경제 '침체'를 다룬 현대적 이론들은 이런 현상들에 대한 경험적 관찰을 기초로 삼고 있다.
159 이 문제에 대한 논의는 *International Socialism*(first series) 100호에 마이크 키드런과 내가 쓴 논문들을 보라.
160 이러한 설명의 초기 형태를 참조하려면 T Cliff, "Crisis in China", *International Socialism*(first series) 29, 1966을 보라. 이 논문은 앞의 책, *Neither Washington Nor Moscow*, pp 143~165에 수록됐다.

161 C Harman, "Cuba, the End of a Road", *International Socialism*(first series) 45, 1970년 11 · 12월호를 보라.
162 M Kidron, "Memories of Development", *Capitalism and Theory*(London, 1974), p 172에 있는 추정치.
163 같은 책, p 171.
164 같은 책, p 172.
165 키드런은 명명백백하게 옳은 논의에서 잘못된 결론을 이끌어 냈다(같은 책, p 173).
166 이 사건에 대한 상세한 설명은 나의 책 *Class Struggles in Eastern Europe*(이전 판 제목은 *Bureaucracy and Revolution in Eastern Europe*. 1982년판에서 체코슬로바키아에 관한 장은 축약돼 있다).
167 C Harman, "Prospects for the Seventies, the Stalinist States", 앞의 책.
168 Jiri Kosta, in Nove, Hohmann and Seidenstecker(편), *The East European Economies in the 1970s*(London, 1982), p 36에 제시된 수치.
169 기에레크의 연설 녹취록, *Face aux grevistes de Szczecin*(Paris, 1972), p 37.
170 Kuron and Modzelewski, *A Revolutionary Socialist Manifesto(Open Letter to the Party)*(1965년판), pp 37, 30.
171 1970년대 중반에 글을 쓸 때 나는 생활수준 향상이 얼마나 제한적인 것이었는지를 입증하기 위해 공식 통계들을 샅샅이 뒤져야 했다. 나의 논문 "Poland and the Crisis of State Capitalism: part two", *International Socialism*(first series) 94의 각주 5를 보라.
172 이 사업에 대해 자세히 알려면, 같은 책, p 29를 보라.
173 *International Herald Tribune*, 1976년 8월 17일자에 따름.
174 *Financial Times*, 1990년 1월 19일자에서 계산된 수치.
175 예를 들어, Alex Nove, *The Economics of Feasible Socialism*(London, 1983)을 보라.
176 이러한 결과에 대한 예측으로는 *Class Struggles in Eastern Europe*(London, 1983)에 실려 있는 관련 서적들을 참조하라.
177 *Moscow News*, no 24, 1989.
178 지난 몇 주 동안 서방 언론은 동유럽과 서유럽의 생활수준을 매우 불합리한 방식으로, 즉 '실질'(달리 말하면 비공식적) 환율로 평가된 임금을 기준으로 비교했다. 그러나 많은 기본 식료품, 맥주, 주택, 난방비 등과 같은 중요한 소비 항목에서 동독과 체코슬로바키아의 노동자들은 어떤 비교에서도 잘 사는 것으로 나타나 있다. 왜냐하면 예컨대 맥주를 살 때 동독 마르크는 서독 마르크에 비해

세 배의 가치가 있는데, '실질' 환율로 따지면 동독 마르크는 서독 마르크의 8분의 1에서 12분의 1밖에 안 되기 때문이다. 동독이나 체코 노동자들이 뒤지는 경우는 물건으로 말하면 의복이나 특히 전자제품과 자동차 같은 경우다. 이런 물품을 동독이나 체코에서 사려면 서독에서보다 훨씬 더 많은 노동시간을 투여해야 한다. 물론 소련 노동자들은 사정이 훨씬 더 나쁘다. 이들은 고급 의복이나 전자제품뿐 아니라 주류나 육류를 얻는 데도 어려움을 겪고 있다.

179 이것이 나의 논문 "Poland and the Crisis of State Capitalism", *International Socialism*(first series, 93호와 94호)의 중심 주장이다.

180 C Harman, *Class Struggles in Eastern Europe*, p 332.

181 *Pravda*, 1988년 4월 5일.

182 N Ryzhkov, 1986년 3월의 소련 공산당의 제27차 대회에서 보고된 경제·사회 발전 지침 초안.

183 소련 공산당 중앙위원회가 19차 당 협의회에 제출한 결의안.

184 *Pravda*, 1985년 8월 22일.

185 경제 구조조정으로 말미암은 해고 노동자 총수(總數)에 대한 추산치는 *Pravda*, 1988년 1월 21일자 참조. *Moscow News*, 1989년 9월 3일자도 해고 노동자의 수를 이 정도로 잡으면서 중앙아시아 공화국들과 카자흐스탄의 실업자만 해도 600만 명은 될 것이라는 〈프라우다〉의 주장을 인용하고 있다.

186 BBC 보도, 1989년 1월.

187 BBC 보도, 1989년 2월.

188 *Pravda*, 1988년 7월 14일.

189 *London Review of Books*, 1988년 11월호에 실린 인터뷰.

190 *Izvestia*, 10 1988[뭔가 누락된 듯하지만 그대로 뒀다].

191 특별 협의회에 제출한 중앙위원회의 결의안. BBC 보도, 1988년 6월.

192 Soviet TV, 1989년 1월 17일자 보도. BBC 보도, 1989년 1월.

193 *Pravda*, 1988년 5월 11일.

194 정부의 조치에 대해서는 리시코프가 인민대표회의에 제출한 소련 경제에 대한 보고서(TASS, 1989년 12월 13일자)를 보라. '강화되는 상명하달 식 방법'에 대한 리시코프의 비판으로는 *Komsomolskaya Pravda*, 12월 12일자에 실린 인민 대표 23인의 성명서와 포포프, 체르넨코, 옐친이 인민대표회의에서 한 연설(TASS, 1989년 12월 14일, 그리고 Soviet TV, 1989년 15일. BBC 보도 1989년 12월 16, 20일에 수록)을 보라.

195 *Independent on Sunday*, 1990년 2월 4일. 비러시아 국가들이 더 악화되고 있다는 주장은 닐 애서슨(Neal Ascherson)도 받아들였다(*Independent on Sunday*,

1989년 2월 11일).
196 Yakov Roi(편), *The USSR and the Muslim World*(London, 1984), p 133.
197 1956년에 그가 그루지야에 군대를 보내 수백 명의 인민을 쏘게 했지만 말이다. 이 사건에 대한 상세한 설명으로는 *Literaturli Sakartvelo*(Tbilisi), 1988년 4월 8일자(BBC 보도, 1988년 4월에 번역 수록. Kopacsi, 앞의 책에도 이 사건에 대한 참고 문헌이 실려 있다).
198 자세한 것으로는 T Cliff, *Russia: A Marxist Analysis*(London, 1964), pp 327~333(가장 최근의 판인 *State Capitalism in Russia*에는 이에 해당되는 장이 실려 있지 않다).
199 Y Roi, 앞의 책.
200 같은 책.
201 *Guardian*, 1988년 7월 13일.
202 *Kommunist*, 1988년 9월 29일.
203 1988년 10월. 1988년 10월 22일 BBC 보도.
204 *Kommunist*(Yerevan), 1988년 9월 29일(BBC 보도, 1988년 10월 12일자에 번역 수록).
205 *Pravda*, 1989년 10월 31일. BBC 보도, 1989년 11월 2일자에 요약.
206 *Moscow News*, 1989년 9월 3일자에 인용된 *Pravda* 보도
207 독립 사회주의 노조인 소츠프로프 소속의 올렉 보로닌은 아제르바이잔의 당 지도자들이 학살에 참여했다는 문서 증거를 본 적 있다고 말했다(런던에서 1990년 2월 12일에 한 연설).
208 1989년 가을에 런던에 온 보리스 카갈리츠키가 한 인터뷰에서 소련의 상황을 그렇게 해석했다. 출판된 그의 주장을 보려면 *New Statesman and Society*, 1989년 11월 10일자를 보라.
209 Frank Furedi의 추종자인 R Knight의 말(*The Next Step*, 1990년 1월 26일자).
210 Jeremy Lister가 1990년 1월 27일 런던에서 동유럽 노동자들과의 연대를 위한 캠페인 모임에서 고르바초프를 지지하며 한 발언.
211 C Harman, "Prospects for the Seventies: the Stalinist States", 앞의 책, p 17.
212 P Hruby, *Fools and Heroes, the Changing Role of Communist Intellectuals in Czechoslovakia*(Oxford, 1980), p 148에서 인용한 수치.
213 Hruby, 같은 책, p 143에서 인용.
214 폴란드의 이 같은 집단화에 대한 최근의 통찰력 있는 설명으로는 Byrski, "The Communist "middle class" in the USSR and Poland", *Survey*, 1969년 가을호를 보라.

215 *Financial Times*, 1989년 12월 13일.
216 M Simecka, *The Restoration of Order*(London, 1984).
217 *Moscow News*, 1989년 10월 29일의 인터뷰.
218 *Financial Times*, 1990년 1월 26일에서 인용.
219 폴란드에 대해서는 1965년의 Jacek Kuron and Karol Modzelewski, *Open Letter to the Party*(최근에 *Solidarnosc: The Missing Link*로 재출간됨)를 보라. 이 당시 바르샤바 반대파에 대한 설명으로는 N Karsow and S Schechter, *Monuments Are Not Loved*(London, 1970)를 보라. 체코슬로바키아에 대해서는 Boffito and Foa, 앞의 책과 P Broue(편), *Ecrits a Prague sous la censure*(Paris, 1973), Committee to Defend Czechoslovak Socialists, *Voices of Czechoslovak Socialists*(London, 1977) 등을 보라.
220 *L'église et la gauche*(Paris, 1979)를 보라. 이 책의 일부는 F Silnitsky, L Silnitsky and K Reyman(공저), *Communism and Eastern Europe*(Brighton, 1979)에 "The church and the left, a dialogue"라는 제목으로 번역돼 있다.
221 F Silnitsky, 같은 책에 언급된 시리즈 논문 "Marx in the Fourth Decade".
222 이것은 본질적으로 F Silnitsky, 같은 책, pp 148~159에 재수록된 논문 "What is Marxism"에서 하라스티(Haraszti)가 취하는 입장이다.
223 1970년대 말과 1980년대 초에 쿠론이 펼친 '자기 제한적 혁명'이라는 주장.
224 C Barker, *The Festival of the Oppressed*(London, 1986), p 26에서 인용.
225 "The revolution in the Magic Lantern", *The New York Review of Books*, 1990년 1월 18일.
226 같은 책, p 48.
227 Prague Radio, 1990년 1월 3일(BBC 보도, 1990년 1월 5일자에 번역 수록).
228 통일좌파의 비엔 크뤼거(Bjon Kruger)가 1989년 겨울에 한 인터뷰.
229 *Financial Times*, 1989년 12월 21일.
230 같은 기사.
231 *Financial Times*, 1988년 6월 3일자의 보도를 보라.
232 *Independent*, 1990년 2월 10일자에서 인용한 보고서.
233 *Financial Times*, 1990년 2월 13일자에서 인용.
234 *Financial Times*, 1989년 4월 5일.
235 M P Gehlen, "The Soviet Apparatchiki", R B Farrell(편), *Political leadership in Eastern Europe and the Soviet Union,* London, 1970, p 147에 실린 수치.
236 *Financial Times,* 1990년 1월 26일자에서 인용.
237 1989년 9월에 런던에서 그가 한 아이작 도이처 기념 강연.

238 오랫동안 브레즈네프, 야루젤스키, 지프코프, 그리고 차우셰스쿠의 변호론자였던 로버트 맥스웰(Robert Maxwell)은 지금, '사유화된' 헝가리 정부 신문 주식의 50퍼센트를 소유하고 있다. 반면 머독(Murdoch)은 주요 반대파 신문들에 대한 통제권을 샀고 바르샤바에서 자신이 어느 신문을 통제할 수 있을지를 살펴보는 중이다.
239 Czechoslovak television, 1990년 1월 19일(BBC 보도, 1990년 1월 22일).
240 Sofia Radio, 1990년 1월 26일(BBC 보도, 1990년 1월 29일).
241 Prague Radio, 1990년 1월 27일.
242 Moscow home service, 1989년 7월 14일(BBC 보도, 1989년 7월 17일자에서 인용).
243 Soviet television, 1989년 7월 13일(BBC 보도, 1989년 7월 15일).
244 소비에트 텔레비전과의 인터뷰, 1989년 7월 17일(BBC 보도, 1989년 7월 19일).
245 Soviet television, 1989년 7월 21일.
246 1989년 10월 런던에서 한 인터뷰.
247 1989년 7월 24일 최고 소비에트에서 한 연설(BBC 보도, 1989년 7월 26일).
248 광산 노동자 파업 이후 모스크바의 어느 지도적 급진론자에게 내가 직접 들은 주장.
249 Soviet television, 1989년 7월 21일(BBC 보도, 1989년 7월 25일).
250 물론 그렇다고 해서 공장 경영진이 의식적으로 특정 인종 출신이나 종교를 가진 노동자들에게 더 나쁜 일자리를 주지 않았다는 말은 아니다. 즉, 소련의 모스크바 공장들에서는 임시직 노동자들('리미치키(limitchiki)'), 헝가리 기업에서는 '집시들', 동독에서는 베트남인과 폴란드인, 발트 해 공화국들의 일부 공장에서는 러시아계 이주 노동자들이 다른 노동자들보다 더 나쁜 일자리를 얻었다.
251 이 문제를 둘러싸고 벌어진 몇 가지 논쟁에 대해서는 폴란드 사회당(민주적 혁명파) 당원과의 인터뷰를 보라("Solidarity at the Crossroads", *International Socialism* 41).
252 브로츠와프에서 1989년 12월에 열린 폴란드 사회당(민주적 혁명파) 대회에서 중앙위원들이 한 일련의 연설이 바로 이런 논조였다.
253 소련에서도 국가 소유가 가장 크게 늘어난 시기는 1917년의 노동자 혁명 동안이 아니라 1928~1929년의 '스탈린 혁명' 기간이었다.
254 *Independent*, 1990년 2월 5일.